AF589852

FOIRES ET MARCHÉS DU ROYAUME,

OUVRAGE CONTENANT:

1°. Un état des Foires les plus fameuſes de la France & des pays Etrangers.

2°. *Une indication par ordre alphabétique de toutes les Foires & Marchés francs, qui ſe tiennent dans tout le Royaume, & rangée par ordre des Provinces.*

A GENEVE,

Et ſe trouve

A PARIS,

Chez la Veuve DUCHESNE, Libraire, rue St-Jacques, au Temple du Goût.

AVERTISSEMENT.

IL y a déja long-tems que bien des Marchands & Commerçans demandoient un petit ouvrage de la nature de celui-ci. C'eſt pour les obliger, & dans la vue de leur être utile, qu'on l'a entrepris. Peut-être quelques perſonnes s'imagineront que cette tâche n'étoit pas difficile à remplir, ſous l'apparence que tout eſt dit & qu'on trouve tout dans les livres. Cependant nous oſons aſſurer que la matiere dont il s'agit dans cet ouvrage ne ſe trouve nulle part traitée à fond; c'eſt-à-dire, que l'on n'y voit point développé la véritable origine des Foires & des Marchés, & les cauſes naturelles de leur établiſſement. Ce n'eſt que par des renſeignemens épars de côté & d'autre qu'on peut ſe former une idée de ce genre de commerce; des divers priviléges que nos Rois ont accordé, lorſqu'ils ont établi certaines Foires, & des reglemens de police qui doivent être observés par les Débitans. Il a donc fallu faire plus d'une recherche pour en pouvoir parler d'une maniere instructive.

Nous avons divisé ce petit ouvrage en deux parties. Dans la premiere on trouve un détail circonstancié des plus célèbres Foires du Royaume, des causes qui ont donné lieu à leur établissement, du tems où elles ont commencé, de celles qui sont franches, des principales marchandises qu'on y trouve, de celles dont il se fait un plus grand débit; le jour du mois auquel elles s'ouvrent, le tems de leur durée, &c. On a ajouté à cela un Précis des Foires étangeres & qui se tiennent dans les divers Etats de l'Europe.

Dans la seconde partie de l'ouvrage on a donné un état par ordre alphabétique de toutes les Foires ordinaires du Royaume, qui se tiennent non-ſeulement dans les Villes, mais même dans les Bourgs & autres petits lieux. Mais ce qui doit mériter l'attention de tous ceux à qui ce petit livre ſera néceſſaire, c'eſt l'arrangement qu'on a donné à cet état. On a conſidéré que les Marchands qui vont aux Foires, (ſi on excepte la Foire de Beaucaire, de Guibray & autres des plus fameuſes) ne vont qu'à celles qui ſont à une diſtance raiſonnable du lieu de leur demeure, & cela à cauſe des fraix du voyage, c'eſt-à-dire, que chacun d'eux ne va guère au-dela de ſa Province ou de celles qui en ſont limitrophes, & qu'il fait ſon commerce dans ce diſtrict. On a donc arrangé la liſte de ces Foires par chaque Province du Royaume. Ainſi, un Marchand qui demeure, par exemple, dans une Ville de l'Iſle de France, en jettant les yeux dans ce livre ſur cette Province qu'il trouvera à la lettre I, verra d'un coup d'œil toutes les Foires qui ſe tiennent dans ſa Province. Il y trouvera le jour du mois que chaque Foire ſe tient, ſa durée, ſes franchiſes. Telle eſt l'idée qu'on doit prendre de ce petit ouvrage, qui d'après l'ordre que nous y avons mis, ſera utile & commode à toutes les perſonnes de commerce qui fréquentent les Foires.

SUR L'ORIGINE

DES FOIRES ET MARCHÉS.

ON diroit que les mots de Marché & de Foire ſont ſynonymes, c'eſt-à-dire, qu'ils ſignifient la même choſe. Celui de Foire paroît préſenter l'idée d'un concours plus nombreux, plus ſolemnel, & par conſéquent plus rare; mais cette différence provient d'une cauſe plus cachée : c'eſt ce que nous avons cru devoir développer ici.

Il eſt évident que les Marchands & les Acheteurs ne peuvent ſe raſſembler dans certain tems & en certains lieux ſans un attrait & un intérêt qui compenſe, ou même qui ſurpaſſe les frais du voyage & du tranſport des denrées. Sans cet attrait, chacun reſteroit chez ſoi. Plus il ſera conſidérable, plus les denrées ſupporteront de longs tranſports, plus le concours des marchands & des acheteurs ſera nombreux & ſolemnel, plus le diſtrict dont le concours eſt le centre, ſera étendu. Le concours naturel du commerce ſuffit pour former ce concours & pour l'augmenter juſqu'à un certain point. La concurrence des vendeurs limite le prix des denrées, & le prix des denrées limite à ſon tour le nombre des vendeurs. En effet tout commerce devant nourrir celui qui l'entreprend, il faut bien que le nombre des ventes dédommage le marchand de la modicité des profits qu'il fait ſur chacune, & que par conſéquent le nombre des marchands ſe proportionne au nombre actuel des conſommateurs, en ſorte que chaque marchand corresponde à un certain nombre de ceux-ci.

Lorſque la concurrence des acheteurs attire les marchands par l'esperance de vendre, il s'en établit plusieurs pour la même denrée. De même la concurrence des marchands attire les acheteurs par l'esperance du bon marché, & toutes deuxcontinuent à s'augmenter mutuellement jusqu'à ce que le désavantage de la distance compense pour les acheteurs éloignés le bon marché de la denrée, produit par la concurrence, & même ce que la force & l'habitude ajoûtent à l'attrait du bon marché. Ainsi se forment naturellement différents centres de commerce ou marchés ausquels répondent autant de cantons plus ou moins étendus, suivant la nature des denrées, la facilité plus ou moins grande des communications.

La même raison de commodité qui détermine le concours des marchands & des acheteurs en certains lieux, les détermine aussi à certains jours, lorsque les denrées sont trop viles pour soutenir de longs tranſports, & que le canton n'eſt pas aſſez peuplé pour fournir à un concours ſuffiſant & journalier. Ces jours ſe fixent par une eſpece de convention tacite, & la moindre circonſtance ſuffit pour cela. Le nombre des journées de chemin entre les lieux les plus conſidérables des environs combiné avec certaines époques qui déterminent le départ des voyageurs, telles que le voiſinage de certaines fêtes, certaines écheances d'uſage dans les paiemens, certaines ſolemnités périodiques; enfin tout ce qui raſſemble en certains jours un certain nombre d'hommes devient le principe de l'établiſſement d'un marché à ces mêmes jours, parce que les marchands ont toujours intérêt de rechercher les acheteurs & réciproquement.

Mais il ne faut qu'une diſtance aſſez médiocre pour que cet intérêt & le bon marché produit par la concurrence, ſoient contrebalancés par les fraix du voyage & de transport des denrées. Ce n'est donc point au cours d'un commerce animé par la liberté, qu'il faut attribuer ces grandes foires où les productions d'une partie de l'Europe se rassemblent à grands fraix & semblent être le rendez-vous des Nations. L'intérêt qui doit compenser ces frais exhorbitans, ne vient point de la nature des choses, mais il résulte du privilége & des franchises accordés au commerce en certains lieux & en certains tems, tandis qu'il est chargé par-tout ailleurs de taxes & de droits : il n'est pas étonnant que l'état de gêne dans lequel le commerce s'est trouvé long-tems dans toute l'Europe, en ait déterminé le cours avec violence dans les lieux où on lui offroit un peu plus de liberté. C'est ainsi que les Princes, en accordant des exemptions de droits, ont établi tant de Foires dans les différentes parties de l'Europe, & il eſt évident que ces Foires doivent être d'autant plus conſidérables, que le commerce dans les tems ordinaires eſt plus ſurchargé de droits. Une Foire & un Marché ſont donc l'un & l'autre un concours de marchands & d'acheteurs dans des lieux & des tems marqués; mais dans les Marchés, c'eſt l'intérêt réciproque que les vendeurs & les acheteurs ont de ſe chercher, qui forme le concours; dans les Foires, c'eſt le plaiſir de jouir des priviléges qui y ſont attachés, d'où il ſuit que le concours doit y être bien plus nombreux & plus ſolemnel.

DES

DES FOIRES DU ROYAUME EN GÉNÉRAL.

ON entend communément par le mot de *Foire*, un lieu public où des Marchands s'assemblent à certains jours pour vendre en liberté leurs marchandises. Une Foire est un grand Marché, c'est-à-dire qu'elle ne differe du Marché que par le concours d'un plus grand nombre de marchands & d'acheteurs attirés par les franchises & exemptions de droits dont jouissent les Foires.

Le mot de *Foire* vient du Latin, *Forum*, qui signifie Marché ; & selon quelques-uns, il vient *à Feriis*, parce qu'anciennement les Foires ne se tenoient guères en France qu'aux lieux où l'on célébroit les fêtes ou les dédicaces des Eglises.

Il y a plusieurs Foires qui se tiennent en pleine campagne sous des tentes & des baraques, comme la Foire de Beaucaire & de Guibray; d'autres dans des lieux fermés de mûrs, où sont élevées des boutiques tirées au cordeau, & qui forment des rues & des places, mais qui sont d'ailleurs toutes découvertes, ou seulement plantées de quelques arbres contre l'ardeur du Soleil, comme étoit autrefois la Foire dite de Saint-Laurent à Paris. Enfin il y a d'autres Foires où les boutiques sont rangées le long de plusieurs grandes allées qui se traversent les unes, les autres, & qui sont garanties de l'injure du tems par des appentis de charpente couverts de tuiles.

Dans ces deux dernieres sortes de Foires, les boutiques où les Marchands tiennent leurs marchandises, se nomment ordinairement des loges.

On appelle Marchands Forains les Marchands qui fréquentent les Foires. Il y en a de deux sortes: les uns qui, ayant leur domicile fixe dans quelque ville, où ils ont maiſon, boutiques, magaſins, ne laiſſent pas d'envoyer ou de porter de la marchandiſe aux Foires : les autres qui, avec des voitures chargées de marchandiſes roulent toute l'année de Foire en Foire. C'eſt aſſez l'uſage que, dans toutes les Foires un peu conſidérables, il s'y raſſemble des Comédiens de campagne, des Danſeurs de corde, des Batteleurs, des Joueurs de Marionettes, des Joueurs de Gobelets & autres qui attirent la curioſité du public, ce qui ne laiſſe pas de contribuer à l'avantage des Marchands de la Foire.

L'établiſſement des Foires eſt un droit qui n'appartient qu'au Roi, & qu'il accorde, quand il lui plaît, par des Lettres-Patentes, ſoit qu'il établiſſe une Foire ſur le pied de Foire franche ; ſoit qu'il en réduiſe la franchiſe à quelque modération des droits locaux ; ſoit enfin qu'il n'en accorde le droit que ſur le pied de Foire ordinaire & ſans aucune franchiſe.

DES MARCHANDS GROSSIERS.

Les Marchands Grossiers, qui envoient, ou qui vont aux Foires, doivent observer plusieurs choses, s'ils veulent réussir dans ce commerce, qui a ses difficultés, aussi bien que ses avantages.

1°. Ils ne doivent point s'y engager, qu'ils n'aient un associé, ou du moins qu'ils ne soient bien sûrs de la personne à qui ils sont obligés de confier le gros de leurs affaires pendant leur absence.

2°. Il faut qu'ils sachent les marchandises qui y sont propres, & si, les frais des voitures, Traites-Foraines & autres droits déduits, ils y peuvent faire leur compte.

3°. Ils doivent prendre garde d'y amener des marchandises dont il y ait des Manufactures considérables dans les lieux, ou près des lieux des Foires.

4°. Ils doivent observer d'y vendre leurs marchandises plus ou moins cher, à proportion du tems que le paiement s'en doit faire: car les Marchands de Province qui achettent aux Foires ne ſont pas ſi ponctuels à payer, que ceux des Villes de grand commerce.

5°. Ils ne doivent pas oublier de faire la facture des marchandiſes avant de les emballer; & s'il y a pluſieurs ballots, les factures doivent être faites ſéparément, & les ballots bien numérotés.

6°. Ils doivent tenir un Journal particulier des Foires, pour y écrire toutes les parties de marchandiſes de leurs ventes ou achats, à meſure qu'ils les font pendant le tems de la Foire, & pour enſuite, à leur retour, les porter ſur le Journal ordinaire de leur négoce.

7°. Ils doivent avoir ſoin de prendre des promeſſes ou billets des Marchands avec qui ils font des affaires, payables, ou à la Foire ſuivante, ou en d'autres tems convenus, pour éviter toute conteſtation ſur ces paiemens.

DES INSPECTEURS
DES FOIRES.

Les Inſpecteurs des Manufactures ſont tenus de ſe trouver dans toutes les Foires conſidérables de leurs départemens où il ſe fait un grand commerce d'étoffes, de laines & de toiles, pour viſiter & marquer les toiles & étoffes, & les ſaiſir & confiſquer ſi elles ſont défectueuſes, & non conformes aux Réglemens. Cette viſite doit ſe faire avec beaucoup de circonſpection & de prudence, & aux heures les plus commodes pour ne pas troubler le commerce des Foires.

Les Inſpecteurs doivent être accompagnés du Juge de la Police des Manufactures, & des Gardes & Jurés des lieux.

Il ſe trouve auſſi ſouvent aux Foires, particuliérement à celles qui ſe tiennent en pleine campagne, comme les Foires de Beaucaire & de Guibray, les Directeurs Généraux des Traites, dont les départemens en ſont voiſins, afin de veiller aux droits du Roi.

Il y a quelques Foires franches du Royaume, qui ont leur propre Juge & une Juriſdiction qui leur eſt particuliere. La Juriſdiction ſe nomme *Conſervation*, & les Juges, *Conſervateurs*, parce qu'en effet ils ſont établis pour veiller à la conſervation des franchiſes des Foires, & pour décider des conteſtations qui arrivent entre les Marchands & autres qui y vendent ou qui y achettent. Cette Juriſdiction n'eſt autre choſe qu'un Conſulat, & les Juges & Conſervateurs, que des Conſuls. Les plus connus de ces Juges ſont ceux de la Conſervation de Lyon.

Comme il ne ſeroit pas poſſible de parler en détail de toutes les Foires du Royaume, parce qu'elles ſont en trop grand nombre, & que d'ailleurs il n'y a rien de bien remarquable à en dire, nous nous ſommes bornés à traiter en particulier de celles qui ſont les plus fameuſes. L'ordre que nous avons ſuivi en cela, n'eſt autre que celui du degré de célébrité qu'ont plus ou moins les unes ou les autres.

A l'égard des Foires ordinaires & qui n'ont rien qui les distingue des autres, nous en donnerons un état dans la seconde partie de ce petit ouvrage.

PREMIERE PARTIE.

INDICATION DES FOIRES LES PLUS CELEBRES ET LES PLUS CONSIDÉRABLES DU ROYAUME.

FOIRE DE BEAUCAIRE.

PETITE ville dans le Bas Languedoc, ſur le bord du Rhône. Cette Foire eſt fameuſe par toute l'Europe, & la plus célèbre de toutes celles qui ſe tiennent en France. La franchiſe des marchandiſes eſt un privilége accordé à cette Ville en 1217, par Raymond, Comte de Toulouſe, & il a été confirmé par pluſieurs de nos Rois, & particulierement par Charles VIII, Louis XII & Louis XIII, en conſidération du commerce pour lequel elle eſt tres heureuſement ſituée. Le voiſinage de la mer, le Canal du Languedoc & le

Rhône qui passe sous ses murs, lui attirent des Marchands de presque toutes les parties du monde.

Cette Foire se tenoit autrefois dans l'enceinte de la Ville d'où elle a pris son nom, & l'on y voit encore plusieurs arcades qui traversent les rues, où apparemment les Marchands faisoient leurs étalages. Mais depuis long-tems sa réputation & le concours qui s'y fait, se sont tellement accrûs, qu'on a été obligé de la tenir en partie en plaine campagne sous des tentes qu'on éleve dans une prairie voisine de la ville.

Cette Foire commence le 22 Juillet, fête de la Magdelène, & ne dure que trois jours, & il n'y a point de marchandise, quelque rare qu'elle soit, qu'on n'y puisse trouver. On y voit sur-tout des Etoffes de soie de toutes les sortes: aussi, malgré le peu de tems qu'elle dure, le commerce y est si grand, qu'il s'y fait, à ce qu'on prétend, pour plus de six millions de livres d'affaires.

C'est l'Inspecteur des Manufactures de Nîmes, aidé quelquefois de ses Confreres des départemens voisins, qui, avec les Juges de Police de Manufactures, & les Maîtres & Gardes-Jurés, y va faire la visite & la marque des étoffes foraines. Les Directeurs des cinq grosses fermes de quelques départemens du voisinage, ont coutume de s'y assembler pour veiller aux intérêts de la ferme.

FOIRE DE GUIBRAY.

Elle se tient dans un des Fauxbourgs de la ville de Falaise en basse Normandie : elle a pris son nom de ce Fauxbourg. Cette Foire est fameuse dans toute l'Europe, & tient en France le premier rang après celle de Beaucaire. Elle fut établie, à ce qu'on croit, par Guillaume le Conquérant, Duc de Normandie & Roi d'Angleterre. Ce Prince, en considération de ce qu'il étoit né à Falaise, accorda à cette ville de grands priviléges, & particulierement une exemption de tous péages & impôts pour la nouvelle Foire, dont il fit en même tems l'établissement ; exemption dont e[illegible] jouit encore, mais pourtant sans diminution des droits des Traites établis depuis, & qui se paient en entier aux Bureaux du Roi.

L'ouverture de cette Foire se fait le 16 Août ; elle dure quinze jours, huit qu'on appelle la grande semaine pour les franchises ; & le reste qu'on nomme la petite semaine, plus par coutume que par privilége. C'est dans la premiere semaine qu'il y a le plus grand concours de Marchands, & que se fait tout le commerce : dans l'autre, on regle ses affaires, & on se prépare au retour : on y fait cependant quelque négoce.

Il n'y a point de sorte de marchandise qu'on n'apporte à cette Foire, ni de Province de France d'où il ne vienne des Marchands : il en vient aussi quantité des pays étrangers.

Les plus précieuses de ces marchandises sont la Jouaillerie & l'Orfévrerie, dont une partie est apportée de Paris ; & les Epiceries & Drogueries qui viennent du dehors du Royaume ou des Provinces qui font ce commerce, & où elles arrivent par le retour des vaisseaux François. Les autres marchandises sont toutes sortes d'Etoffes d'or, d'argent, de soie, de laine, de coton, &c. & quantité de toiles, de fil & de chanvre qui se recueillent ou qui se fabriquent dans la Province, ou que les Marchands forains y apportent d'ailleurs. Mais ce qui fait un des plus considérables commerces de cette Foire, sont les Chevaux : car il y a des années où il s'en vend au-delà de 4000.

Les deux Inspecteurs des Manufactures de Caen, dont l'un a l'inspection sur les Etoffes de lainerie, & l'autre sur les toiles, & dans le département desquels se trouve la Foire, sont tenus de s'y transporter à son ouverture, avec les Maîtres & Gardes - Jurés, & le Juge de Police des Manufactures, pour visiter & marquer les Etoffes & les toiles, & saisir celles qui ne sont pas conformes au Reglement.

Les Directeurs Généraux des cinq grosses Fermes, établies à Caen, à Laval & à Alençon, ont pareillement coutume de s'y trouver pour veiller aux intérêts de la Ferme, & empêcher qu'il ne s'y passe rien au préjudice des Droits des Traites.

Outre les Marchands qui s'assemblent pour la vente & pour l'achat, & les Commis nécessaires à la Police de la Foire, il s'y fait encore un grand concours de noblesse & de peuple des environs, attirés par les divers jeux publics qui s'y tiennent pendant tout le tems qu'elle dure : ce qui ne contribue pas peu à rendre cette Foire plus belle & plus marchande.

Le 15 Septembre il y a une autre Foire à Guibray, dite la petite Guibray. Elle dure seize jours ; elle est considérable pour les Chevaux & la Mercerie.

FOIRE SAINT-GERMAIN,

A PARIS.

L'établissement de cette Foire fut sous le regne du Louis XI, dans le quinzième siecle. Ce fut ce Prince qui en accorda le droit & les franchises à l'Abbé & aux Religieux de Saint-Germain-des-Prés, par des Lettres-Patentes de l'an 1482.

Plusieurs Rois successeurs de Louis XI, ont accordé des Lettres de confirmation de cette Foire : quelques-uns même en ont augmenté les Priviléges. Les dernieres Lettres-Patentes sont de Lous XIV, du mois de Novembre 1711. Le Cardinal d'Estrées étoit alors Abbé Commendataire de cette Abbaye.

L'Ouverture de cette Foire est depuis long-tems fixée au lendemain de la fête de la Chandeleur, c'est-à-dire le 3 de Février. Elle s'annonce chaque année au Public par une Ordonnance du Lieutenant de Police, affichée dans Paris; & un Arrêt du Conseil en accorde la continuation au-delà de la premiere quinzaine.

C'est seulement pendant ces premiers quinze jours que dure la franchise de la foire; & quoiqu'en conséquence de l'Arrêt de continuation, sa durée s'étende jusqu'au Samedi, veille du Dimanche de la Passion, cette prorogation ne regarde pas les Marchands forains, mais les Marchands de Paris qui y ont des loges & qui y étalent diverses sortes de marchandises.

La principale franchise de cette Foire consiste, en ce que, pendant la premiere quinzaine, les Marchands forains peuvent y apporter, exposer en vente, vendre, débiter, échanger & troquer toutes sortes de marchandises, sans qu'on puisse procéder par voie de saisie & exécution sur lesdites marchandises: soit quand elles sont entrées en Foire, soit lorsqu'on les y conduit, soit enfin quand on les en retire sans avoir été vendues, même pour les deniers royaux.

Les Marchands forains qui fréquentent le plus cette Foire, sont ceux d'Amiens, de Beaumont, de Reims, d'Orléans & de Nogent. Les marchandises qu'ils y apportent & qu'ils y vendent, sont des Draps ou autres Etoffes de laine, ou mêlées de soie, ou de fil & de laine.

Il y venoit aussi autrefois des Marchands d'Orfévrerie & Jouaillerie, particulierement d'Allemagne : mais on ne les y voit plus ; les Orfévres, Jouailliers & Marchands de Bijouterie qui y étalent ayant des boutiques fournies de très-beaux ouvrages.

Il arrive, année commune, à la Foire Saint-Germain, 1400 balles de Draps & Etoffes de lainerie.

Deux Inspecteurs qu'on nomme Inspecteurs des Foires, qui sont celui de la Halle aux Draps de Paris, & celui du département de Beauvais, sont obligés d'aller à la Foire tant que la franchise dure, & de se trouver à l'ouverture des balles, pour voir si les Etoffes y sont suivant les Reglemens pour l'aunage & la fabrique.

Un troisième Inspecteur des Manufactures qui est celui établi à la Douane de Paris, a soin de recevoir toutes les balles de marchandises destinées pour la Foire, d'en tenir registre particulier & de les y envoyer, sans les ouvrir ni visiter, se contentant de les faire conduire par des gagne-deniers, pour empêcher le déversement qui s'en pourroit faire dans des maisons particulieres.

Outre la visite des marchandises qui arrivent à la Foire que font les deux Inspecteurs, mais sans frais, il s'en fait une autre par les Maîtres & Gardes de la Draperie & Mercerie, pour laquelle il est payé un droit par piece, suivant la qualité des Etoffes.

FOIRES DE SAINT-DENIS.

Elles se tiennent à Saint-Denis, petite ville de l'Isle de France, à une lieue de Paris. La premiere se tient le Lundi d'après la Saint-Barnabé, qui est le 11 Juin, & dure quinze jours. Elle se nommoit & se nomme encore le Landi.

Elle étoit autrefois si fameuse, que le Parlement & les autres Jurisdictions de Paris, aussi bien que l'Université, prenoient un jour de vacation pour y aller. On croit communément qu'elle doit son établissement à Charles-le-Chauve, vers l'an 876, où plutôt que ce Prince transféra à Saint-Denis la Foire que Charlemagne avoit établie à Aix-la-Chapelle. Il lui accorda la franchise & quantité de priviléges dont elle jouit encore en partie : mais elle a beaucoup diminué de son commerce & de la réputation qu'elle avoit autrefois.

Elle se tenoit dans le commencement sur le grand chemin de Paris : car l'Eglise de Saint-Denis n'étoit alors environnée que d'un petit village: mais le lieu s'étant accrû, Louis XI la transféra dans cette ville. Il se fait à cette Foire un assez grand concours de Marchands & d'Ouvriers qui y apportent des Marchandises : elles consistent en Draps & Etoffes de laine, ou mêlées de soie & de laine, qui arrivent de plusieurs Provinces du Royaume, particulierement de Champagne, de Picardie, de Poitou, &c.

L'autre Foire se tient au mois d'Octobre, le lendemain de la fete de Saint-Denis; celle-ci ne dure que huit jours.

L'une & l'autre Foire a les mêmes franchises & les mêmes priviléges que la Foire Saint-Germain, qui se tient à Paris; qui ne consistent qu'en la seule liberté qu'ont les Marchands forains, d'y apporter, vendre ou échanger toutes sortes de marchandises sans aucune diminution ni remise des droits royaux ou des droits locaux.

Il n'y a guères que les marchandises du Poitou, ou des manufactures établies sur cette route, qui passent par Paris: les autres sont transportées en droiture à Saint-Denis, où sont pareillement renvoyées toutes celles qui viennent à la Douane de Paris, mais sans que les balles en soient ouvertes, ni visitées, ce dont elles sont exemptées en représentant par les voituriers aux visiteurs des manufactures, leurs lettres de voiture ou leurs factures, portant destination pour lesdites Foires.

Toutes les marchandises entrant en Foire, sont tenues à deux visites: l'une gratuite, qui est celle des Inspecteurs des manufactures : l'autre se fait avec le paiement plus ou moins fort, selon la qualité des Etoffes. Celle-ci est faite par les Maîtres & Gardes de la Draperie & de la Mercerie de Paris, qui ont droit d'y auner & marquer les marchandises, & connoître si elles sont de longueur, largeur & qualité portées par les Reglemens des manufactures. Les Inspecteurs du département de la Halle aux Draps de Beauvais y ont aussi droit de marque & de visite.

FOIRES FRANCHES DE CHAMPAGNE ET DE BRIE.

Comme toutes les Foires établies en France, & qui subsistent présentement, ont été établies sur le modèle de celles de Champagne & de Brie, nous allons rapporter les franchises de celles-ci.

Ces Foires avoient été établies par les Comtes de Champagne & de Brie, dans les principales villes de ces deux Provinces, & elles devinrent les plus fameuses de la France ; comme celles de Mai à Provins, de la Saint-Jean à Troies, de la

Saint-Remi à Reims, de Lagni & Bar-ſur-Aube ; elles étoient en ſi grand nombre, qu'elles avoient même paſſé en proverbe, & on dit encore, qu'un tel *ne ſçait pas toutes les Foires de Champagne*, pour dire qu'il ignore bien des choſes qu'il ſeroit bon qu'il ſçût.

Les Marchands, attirés par les grandes franchiſes & priviléges qui leur avoient été accordés, y accouroient en foule dans tous les tems de l'année. Il y en venoit non-ſeulement des extrémités du Royaume, mais encore d'Allemagne & de toute l'Italie. Mais depuis que les Comtés de Champagne & de Brie eurent été réunis à la Couronne en 1284, par le mariage de Philippe-le-Bel, avec Jeanne de Navarre qui en étoit héritiere, ces Foires perdirent de leur ancienne réputation & ne furent preſque plus fréquentées, à cauſe des nouvelles charges & impoſitions qui furent miſes ſur les marchandiſes.

Philippe de Valois étant monté ſur le Trône, penſa à remettre ces Foires ſur l'ancien pied, & pour rappeller les Marchands regnicoles & étrangers, il confirma, par des Lettres-Patentes de 1349, les anciennes franchises & supprima les impositions qui avoient été mises. C'est sur le modèle de ces Lettres que tous les successeurs de ce Prince, jusqu'au regne de Louis XV, se sont reglés dans celles qui ont été accordées depuis ce tems-là pour les Foires des autres villes du Royaume.

Ces Lettres-Patentes renferment trente-six articles que l'on peut réduire à cinq classes.

1°. *Les Franchises.*

Elles consistent en ce qu'il est permis à tous Marchands étrangers d'entrer dans le Royaume, sous le sauf-conduit des Foires, d'y séjourner, s'en retourner & en sortir, eux & leurs marchandises, en toute liberté & sûreté, à la charge néanmoins que leursdites marchandises soient destinées pour quelqu'une desdites Foires, qu'elles y aient été étalées ou qu'elles en sortent, faute d'y avoir été vendues, & après y avoir resté le tems ordonné : que lesdits Marchands & marchandises venant auxdites Foires, ou s'en retournant, sont quittes de tous droits & impositions : qu'il ne peut être accordé aucunes graces ou lettres de répit contre eux; & que, si aucunes étoient obtenues, elles restent nulles: qu'aucuns desdits Marchands fréquentant les Foires, ou s'en retournant, ne peuvent être pris ni arrêtés, non plus que leurs marchandises & voitures, que par jugement rendu par les Gardes de la Conservation, & pour obligations faites réellement en Foire.

2°. *Les Gardes des Priviléges.*

Ce sont les Jurés établis pendant le tems des Foires pour veiller à la conservation des franchises, en faire jouir les Marchands, & connoître des contestations qui peuvent survenir entr'eux.

Il doit y en avoir deux dans chaque Foire, en outre un Chancelier qui garde les Sceaux, & deux Lieutenans: l'un pour tenir le siége en l'absence des Gardes, & l'autre pour suppléer aux fonctions du Chancelier.

Il doit y avoir des Notaires pour passer les actes, & des Sergens pour l'exécution des jugemens des Gardes. Les Gardes, ou du moins l'un d'eux, doivent se trouver dès la veille au lieu où ſe tient chaque Foire, & y reſter juſqu'à la fin des plaidoiries, & y revenir dans le tems des paiemens.

3°. *Les jours que les Marchands doivent tenir Foire.*

Sur quoi il eſt dit: que les Marchands des dix-ſept villes de Champage & de Brie qui ſont tenus d'aller aux Foires, c'eſt-à-dire ceux des villes où ſe tiennent l'une des dix-ſept Foires, ne peuvent vendre leurs marchandiſes, ſoit dedans ou dehors du Royaume, qu'ils ne les aient premierement envoyées en l'une deſdites Foires, qu'ils ne les y aient expoſées en vente dès le premier jour des Draps, juſqu'au ſixième jour ſuivant, à peine de confiſcation.

Les Marchands de Chevaux, tant du Royaume qu'Etrangers, doivent les faire tenir étable dans leſdites Foires, depuis les trois jours des Draps, juſqu'aux changes abbattus, c'eſt à-dire, juſqu'à ce que les changeurs aient ôté les tapis qu'ils ſont tenus d'avoir à leurs loges & boutiques, tant que dure la Foire.

Enfin

Enfin, toutes les marchandises & denrées amenées en Foire, y doivent rester en vente, quelques-unes six jours & d'autres trois seulement, selon leur nature.

4°. *Les Visites.*

Il y en a de deux sortes, l'une qui se fait par les Gardes Conservateurs, & l'autre par des Prud-Hommes, choisis de chaque Corps de Marchands, où des Communautés des Arts & Métiers, qui fréquentent les Foires & y étalent leurs marchandises.

La visite des Gardes se fait à l'ouverture de chaque Foire, dans les Halles, Boutiques & autres lieux où les Marchands doivent tenir leurs Marchandises, pour voir s'ils y sont avec la sûreté convenable. La visite d'un ou de deux Prud-Hommes se fait pour juger de la nature, bonté & qualité de toutes les marchandises qui entrent en Foire, & pour les faire saisir & arrêter, si elles sont défectueuses; mais cela, seulement du conseil de 4 ou 5 des plus notables de chaque métier, & après le rapport que ceux-ci en feront aux Gardes.

5°. La Police pour les Changes, obligations & paiemens faits en Foire.

Par ce dernier article, il eſt dit qu'il eſt permis aux Marchands tant François qu'Etrangers, de ſtipuler dans les contrats & promeſſes qui leur ſont faites pour le paiement de leurs marchandiſes vendues en Foire, que leſdits paiemens ſe feront en pièces d'or ou d'argent ayant cours lors de la paſſation deſdites promeſſes; que nul Marchand, s'il n'a réſidence actuelle aux Foires, ne peut uſer du ſcel & obligation deſdites Foires, ſi elles ne ſont paſſées ſous le ſcel deſdites Foires; que, lorſqu'il ſe fait prêts & créances pour marchandiſes vendues en Foires, & pour les paiemens en être faits de Foire en Foire, c'eſt-à dire ſix fois dans l'an, le change, prêt ou intéret, ne peut être plus haut de 15 liv. pour cent, ſçavoir, 2 liv. 10 ſols pour chaque Foire; bien entendu que les obligations ne ſoient point faites pour prêts de deniers, auquel cas elles doivent être déclarées uſuraires. Il eſt défendu, en faiſant renouveller les obligations faites en Foire, d'y comprendre les intérêts avec le principal : il est ordonné aux Juges-Gardes de statuer seulement sur le principal des contestations portées devant eux, sans avoir égard à aucun déclinatoire, dilatoire, à la réserve néanmoins des péremptoires. De toutes les Foires qui subsistent dans la Champagne & dans la Brie, nous ne parlerons en détail que des principales, sçavoir celles de Troyes & de Reims.

FOIRES FRANCHES DE REIMS.

Il y a dans cette ville quatre Foires franches: leur durée est inégale : celle du lendemain des Rois, celle du premier Jeudi d'après Pâques, celle du mois de Juillet & celle du premier Octobre; les deux premieres durent huit jours, & les deux autres n'en durent que trois.

Il y a aussi quelque inégalité dans leurs jours de franchise, c'est-à-dire, dans le tems accordé aux Marchands pour faire sortir de la ville les marchandises achetées à la Foire, avec exemption de tous droits; la Foire des Rois en a 20, & chacune des trois autres 15.

Nous avons parlé ci-dessus des franchises & priviléges de ces Foires, & de la police qui s'y observe en parlant des Foires de Champagne & de Brie.

FOIRES FRANCHES DE TROYES.

Les Foires de cette ville, Capitale de la Champagne, étoient autrefois fort célèbres, comme nous avons dit ci-devant. Mais les longues guerres des Anglois & celles de la religion les firent fort décheoir, & elles furent si fort négligées par la suite, que, sur la fin du dix-septième siècle, à peine restoit-il quelque souvenir de leur célébrité. Mais en 1607, les Maire & Echevins & les Marchands de Troyes ayant conçu le dessein de les rétablir, présentèrent à Louis XIV les titres de la concession de leurs anciennes Foires; & en demandèrent le rétablissement. En conséquence ils obtinrent un Arrêt portant permission de rétablir dans leur ville deux Foires franches de huit jours consécutifs chacune, non compris les fétes & Dimanches.

L'une de ces Foires se tient le Lundi d'après le second Dimanche de Carême, & l'autre le premier Septembre. Cet Arrêt porte que pendant ces Foires, toutes les marchandises manufacturées dans la Ville & Fauxbourgs de Troyes, qui y seroient vendues après avoir été déballées & exposées en vente, pourroient sortir de l'étendue des cinq grosses fermes & du Royaume, sans payer aucun droit de sortie, à la réserve des droits locaux, pourvu néanmoins qu'elles sortissent debout & sans aucun entrepôt.

Mais comme cette restriction de la franchise de la Foire aux seules marchandises manufacturées dans la Ville de Troyes, & quelques autres conditions onéreuses rendoient presque inutile le rétablissement de ces deux Foires; les Maire, Echevins & Habitans se pourvûrent au Conseil, & sur leurs remontrances, le Roi leur accorda la franchise entiere par un Arrêt du 13 Décembre 1701.

Par cet Arrêt il est ordonné, que toutes marchandises de quelque qualité qu'elles soient, tant celles qui auroient été fabriquées dans la Ville de Troyes & ses Fauxbourgs, qu'autres qui seroient vendues pendant le tems des deux Foires rétablies, après y avoir été déballées & exposées en vente, pourroient sortir du Royaume sans payer aucun droit, à la charge par les Marchands ou Commissionnaires qui les auroient achetées, d'en faire leur déclaration au Bureau des Fermes de ladite Ville, par quantité, qualité, poids & nombre de pièces, balles ou ballots, ensemble du lieu de leur destination & du Bureau par lequel elles doivent sortir. En conséquence de quoi, les Commis des Fermes donneroient des certificats *gratis* de la sortie des marchandises de la Ville de Troyes, visées par les Maire & Echevins & par un des Gardes établis aux portes de ladite Ville.

FOIRES DE LYON.

Comme cette Ville est une des plus anciennes & des plus belles des Gaules, elle a été aussi de tout tems célèbre par son grand commerce, soit au-dedans, soit au-dehors du Royaume.

L'établissement des Foires de Lyon remonte au quinzième siecle. Charles, Dauphin de France, Régent du Royaume pendant la démence de Charles VI, son pere, est le Prince à qui la Ville de Lyon en est redevable. Les premieres Lettres-Patentes qu'il accorda aux habitans de cette Ville pour y établir des Foires, sont du 9 Février 1419. Il y est dit qu'à l'avenir il y auroit chaque année deux Foires dans la Ville de Lyon. En 1443, Charles VII devenu paisible possesseur de son Royaume, donna de nouvelles Lettres-Patentes, par lesquelles il accorda trois Foires à cette même Ville, par chaque année, chacune de vingt jours, franches & quittes pour toujours & pour tous Marchands, denrées & marchandises qui y viendroient. Ces trois Foires devoient commencer, l'une le premier Lundi après Pâques, l'autre le 26 Juillet, & la troisième le premier Décembre.

Louis XI, fils & successeur de Charles VII, ajouta une quatrième Foire pour la Ville de Lyon. Les Lettres Patentes de cette troisième concession sont du mois de Mars 1462. Il y est dit par le premier article que les Foires de Lyon jusques-là établies à tems limité, le seroient à l'avenir perpétuellement & pour toujours, qu'au lieu des trois Foires, il s'en tiendroit désormais quatre, que chacune dureroit quinze jours entiers, ouvrables, & continués sans interruption : sçavoir, l'une le premier Lundi d'après la *Quasimodò*, l'autre le quatrième jour d'Août, la troisième, le trois Novembre, & la quatrième, le premier Lundi après la fête des Rois.

Ce premier article est suivi de dix autres, qui contiennent les nouveaux priviléges accordés à ces quatre Foires. Comme la plupart de ces priviléges sont encore observés, nous croyons faire plaisir au lecteur d'en rapporter les points les plus importans.

Il y est dit : 1°. Que, durant les quatre Foires de Lyon, toutes monnoyes étrangeres y auroient cours pour leur juste prix & valeur : mais c'est à cet article qu'il a été dérogé davantage dans les derniers tems. 2°. Que les Marchands & marchandises soient à toujours francs de toutes impositions, charges & tributs, de tous droits de marque & représailles. Le septième article contient une police pour l'exercice des changes & pour le paiement des

Lettres de Change faites en Foire, ou pour y être payées, ou protestées en cas qu'elles ne le fussent pas. Le huitième permet aux Marchands Etrangers, fréquentant lesdites Foires, de faire testament & disposer de leurs biens comme s'ils étoient regnicoles; qu'en cas de décès leurs héritiers naturels recueillent leur succession suivant les loix & coutumes de leur pays, le Roi renonçant à tout droit d'aubaine.

Le neuvième accorde aux Foires de Lyon les franchises des Foires les plus privilégiées du Royaume, entr'autres, de celles de Champagne, de Brie & du Landy, & en conséquence ordonne que toutes dettes qui y seront faites seront privilégiées, & que contr'elles ne pourront valoir aucunes lettres de répit, ou impétration qui pourroient en retarder le paiement.

Les principales confirmations des quatre Foires de Lyon, depuis Louis XI, sont de Charles VIII, en 1494; de Louis XII, en 1498; de François I, en 1514, 1535 & 1543; de Henry II, en 1547, 1550, 1553 & 1555; de François II, en 1559; de Charles IX, en 1560, 1569 &

1573 ; de Henri III, en 1581, 1582 & 1583, de Henri IV, en 1594 & 1595 ; de Louis XIII, en 1615, 1625 ; & de Louis XIV, en 1643.

C'est de ces quatre Foires si célèbres dans toute l'Europe que l'on entend parler dans le commerce des Lettres de Change, quand on dit que ces Lettres sont payables à Lyon dans les Foires ; ce qui, en termes de négoce, s'appelle paiemens de Lyon.

Les paiemens de la Foire du premier Lundi d'après les Rois, qu'on nomme *Paiemens des Rois*, se font au premier Mars : ceux de la Foire du premier Lundi aprés la *Quasimodò*, appellés *Paiemens de Pâques*, se font au premier Juin : ceux de la Foire du 4 Août, nommés *Paiemens d'Août*, se font au premier Septembre : & les paiemens de la Foire du 3 Novembre, nommés *Paiemens de Toussaints*, se font au premier Décembre ; ces quatre paiemens durent tout le cours de chacun de ces mois.

Suivant le Reglement de la place des Changes de la Ville de Lyon, du 2 Juin 1667, l'ouverture de chaque paiement se doit faire le premier jour du mois non férié de chacun des quatre paiemens sur les deux heures de relevée par une assemblée des principaux Négocians de la Place, tant François qu'Etrangers, en présence du Prévôt des Marchands, ou, en son absence, du plus ancien Echevin.

C'est du moment de cette assemblée que commençent les acceptations des Lettres de Change payables dans le paiement, qui continuent jusqu'au 6 dudit mois inclusivement: après quoi, les porteurs des Lettres peuvent les faire protester, faute d'acceptation pendant le reste du courant du mois.

Le troisième jour du même mois non férié, l'on établit le prix des changes de la Place avec les Etrangers, dans une assemblée qui se fait en présence du Prévôt des Marchands, & le sixième jour suivant, non ferié, on fait l'entrée & l'ouverture du Bilan & virement des Parties: ce qui continue jusqu'au premier du mois inclusivement, après lequel il ne se fait plus d'écritures ni de virement de Parties; & s'il s'en faisoit quelques-unes, elles seroient de nul effet.

Les Lettres de Change acceptées payables en tems de paiemens, & qui n'ont point été payées pendant icelui jusqu'au dernier mois inclusivement, doivent être payées en argent comptant, ou protestées dans les trois jours suivans, dans lesquels les fêtes ne sont pas comprises.

L'ouverture de chaque paiement se fait avec cérémonie, par le Prévôt des Marchands, & en son absence par un des Echevins. Ce Magistrat s'étant rendu dans la loge du Change, accompagné de son Greffier & des six Syndics des Nations: sçavoir, deux François, deux Italiens, & deux Suisses, ou Allemands, fait aux assistans un petit discours, pour leur recommander la probité dans le négoce, & l'observation des reglemens de la Place. On lit ensuite ces Reglemens, & le Greffier dresse un procès-verbal de l'ouverture du paiement.

Le lendemain le Prévôt des Marchands & les Syndics & le Greffier s'assemblent dans une chambre de l'Hôtel-de-Ville, &, à la pluralité des voix, reglent le prix du Change par toutes les Villes du monde où celle de Lyon a des correspondances. Il eſt vrai que ce Reglement n'eſt que de pure cérémonie, y ayant des uſages contraires qui ſont établis ſur la Place, par leſquels preſque tout le commerce d'argent & de billets a coutume de ſe regler.

Les franchiſes des Foires de Lyon, ſur le pied qu'elles ſont aujourd'hui pour l'exemption des droits, conſiſtent, en ce que toutes les marchandiſes deſtinées pour les pays étrangers qui ſortent de la Ville de Lyon pendant les quinze jours de chacune de ces Foires, ne doivent aucuns droits de ſortie du Royaume, ſinon ceux de la traite domaniale pour celles qui y ſont ſujettes : mais il faut que les balles & ballots ſoient marqués, ſur l'emballage, des armes de Lyon, & qu'ils ſoient munis des certificats de franchiſe des Commis prépoſés par l'Hôtel-de-Ville pour cet effet; contrôlés par les Commis de la Douane, & certifiés par ceux des Poſtes.

Les marchandiſes, pour jouir de cette franchiſe, doivent ſortir du Royaume avant le premier jour de la Foire ſuivante, à moins que les Marchands n'obtiennent des prorogations de terme : ce qui eſt arrivé rarement.

Outre cette exception qui regarde la ſortie du Royaume, il y en a encore une en faveur des Négocians Allemands & Suiſſes, pour la ſortie de leurs marchandiſes hors de Lyon : car ils ont un privilége que n'a aucune autre Nation, non pas même la Françoiſe ; ce privilége eſt un délai de quinze autres jours de franchiſe en chaque Foire, au-delà des quinze premiers accordés à tout le monde, pour faire ſortir leurs marchandiſes de la Ville, ſous l'obligation néanmoins de les faire ſortir de l'étendue des cinq groſſes Fermes, avant le premier jour des Foires ſuivantes, ainſi que les autres Marchands.

FOIRE DE CAEN,

EN NORMANDIE.

Cette Foire eſt célèbre & ne cede guère à celle de Guibray. Elle commence le lendemain du Dimanche de la *Quaſimodò*, & elle dure quinze jours. Les huit premiers jours s'appellent la grande ſemaine; les autres ſe nomment la petite ſemaine.

On y fait cette différence, parce qu'autrefois la franchiſe n'alloit pas au-delà de la premiere huitaine, & qu'à cauſe de cela, l'affluence des Marchands & du Peuple y étoit plus grande: cette diverſité de concours dure encore, mais non la diſtinction de franchiſe, la quinzaine étant également franche: ce qui ne s'entend pas néanmoins de tous droits; ceux des traites ſe paient en entier.

Cette Foire eſt conſidérable par la quantité de marchandiſes de toutes ſortes, particulierement de celles de toutes les eſpèces de lainerie & de toiles dont il s'y fait un très-grand commerce. Elle eſt encore plus célèbre par le nombre de beſtiaux, & ſur-tout de chevaux qu'on y amene de toute la Normandie & des Provinces voiſines.

La Foire pour les marchandiſes ſe tient dans des loges bâties ſous une eſpêce de Halle ou grand appenti de charpente couvert de tuiles.

Pour les chevaux & beſtiaux, le commerce & la montre s'en font au-dehors dans une place voiſine.

FOIRE DE DIEPPE, EN NORMANDIE.

Cette Foire fut établie à l'occasion du bombardement que la Ville essuya de la part des Anglois en 1694, car ayant été presque ruinée par l'effet des bombes, le Roi Louis XIV la fit bientôt renaître comme de ses cendres, y ayant ordonné sur un nouveau plan, diverses belles rues tirées au cordeau, dont les maisons de pierre de taille ou de brique, sont d'une symmétrie réguliere. Mais pour donner encore aux habitans plus de facilité de réparer les pertes qu'ils avoient faites, Sa Majesté leur accorda au mois d'Octobre 1696, des Lettres-Patentes pour l'établissement d'une foire franche. Elle s'y ouvrit pour la premiere fois le premier Décembre de la même année.

Par ces Lettres-Patentes, la Foire doit commencer chaque année le premier Décembre, pour durer pendant les quinze premiers jours du même mois : ses franchises & ses priviléges consistent :

1°. En ce que toutes les marchandiſes amenées au port de Dieppe pendant les quinze jours, & qui y ſont vendues ou échangées, ſont exemptes de la moitié des droits d'entrée & de ſortie.

2°. Que dans le tems de la Foire on peut faire reſſortir de la Ville les marchandiſes étrangeres qui y ont été apportées, & qui n'ont pu être vendues, ſans payer aucun droit de ſortie, pourvu néanmoins qu'elles retournent au lieu d'où elles ſont venues.

3°. Qu'il eſt permis à tous étrangers de teſter, & de diſpoſer des effets qu'ils ont apportés pendant la Foire.

4°. Que nul ne peut être arrêté, ſinon pour marchandiſe négociée pendant la durée de la Foire.

5°. Que les Lettres de répit ne peuvent avoir lieu pour marchandiſes achetées en Foire.

6°. Que les marchandiſes déclarées pour la Foire ne pourront être ſaiſies durant la Foire.

7°. Enfin que leſdites marchandiſes ne ſont point ſujettes à la viſite des Gardes.

FOIRES DE ROUEN.

Il y en a deux, l'une s'appelle la Foire de la Chandeleur, qui commence le 3 Février; & l'autre se nomme la Foire de la Pentecôte, & s'ouvre le lendemain des fêtes. Elles durent l'une & l'autre quinze jours.

Pendant ces Foires, les marchandises & denrées qui y sont vendues & échangées, & qui sortent de Rouen durant les quinze jours de franchise, ne sont tenues qu'à la moitié des droits de sortie, à la réserve néanmoins des droits de la Traite Domaniale, qui se paient en leur entier pour les marchandises qui y sont sujettes.

Les Foires de Rouen sont fort fréquentées par les Etrangers, particulierement par les Hollandois, Anglois & Ecossois, & par les Nations du Nord qui y viennent enlever quantité de marchandises du crû de la Province de Normandie, & des Provinces même les plus éloignées du Royaume, qu'on y apporte de tous côtés dans le tems des Foires; la commodité de la mer dont cette Ville, ſi célèbre par ſon commerce, n'eſt éloignée que de douze lieues, & qui par ſon flux & reflux fait entrer dans ſon port & en fait ſortir des bâtimens de plus de 200 tonneaux, ne contribue pas peu à ce concours de Marchands du dehors.

La Foire de la Saint-Romain, au mois d'Octobre, n'eſt pas moins célèbre que les deux dont on vient de parler; & quoiqu'elle n'ait pas autant de franchiſes, le concours y eſt preſque auſſi grand, à cauſe de la dévotion des habitans de Rouen pour ce Saint Evêque, & de la cérémonie de lever la Fierte, comme ils diſent, connue par toute la France. On y vend ſur-tout quantité de chevaux & d'autres beſtiaux.

FOIRES DE BORDEAUX.

Ces Foires ont été établies dans cette Ville en 1565, par le Roi Charles IX. Leur franchiſe conſiſte dans l'exemption des droits de Comptable pour tout ce qui ſe vend en Foire.

Il y en a deux, & elles durent l'une & l'autre 15 jours. La premiere commence au premier Mars, & finit au 15 du même mois; & la seconde commence le 15 Octobre, & finit le 29.

Cette derniere est ordinairement plus considérable, parce qu'on y vient charger des vins dans la primeur: ainsi lorsque les vaisseaux étrangers, sur-tout les Hollandois, ont pu charger avant la fin de la Foire, ils arrivent en Hollande avant que les glaces aient fait cesser leur navigation.

Il y a presque toujours dans le port de Bordeaux jusqu'à cent vaisseaux Etrangers : mais dans le tems des Foires, il est ordinaire d'y en voir 4 à 500, & quelquefois davantage. Il y en vient même de très-grands, & quelques uns du port de plus de 500 tonneaux.

FOIRE DE TOULON.

Cette Foire, qui commençoit autrefois à la Saint-Michel, est à présent le 3 Novembre, en vertu d'un Arrêt du Conseil de 1709 : elle dure quinze jours ouvriers. Ce fut Henri IV qui donna les premieres Lettres-Patentes pour la franchise de cette

Foire en 1595. Louis XIV en donna de nouvelles en 1697 : mais celles-ci n'ayant point eu d'exécution, il en accorda d'autres en 1708, après le fameux siége de Toulon, entrepris & levé par le Duc de Savoie, le Roi ayant voulu récompenser par-là la fidélité & le zèle que les habitans avoient témoigné dans la défense de cette importante Ville de la côte de Provence.

Dans les premieres Lettres-Patentes, cette Foire avoit été établie sur le pied de celles de Lyon, de Champagne & de Rouen, pour jouir des mêmes priviléges & franchises, & l'Arrêt de 1708 avoit même augmenté les priviléges : mais les Consuls de Toulon ayant voulu les étendre davantage, les Fermiers Généraux obtinrent en 1709 un Arrêt qui retrancha une partie des franchises que les Consuls s'étoient attribuées, & en modifia un grand nombre.

Ces modifications consistent : 1°. en ce que la franchise de la Foire ne doit avoir lieu que pour les droits forains, table de mer & autres sur les marchandises & denrées qui sortiront par mer de la Ville de Toulon.

2°. Que lesdites marchandises y entrant par mer paieront les droits d'entrée & de Douane de Lyon, table de mer & autres qui ont coutume d'être payés au Bureau des Fermes de Toulon.

3°. Que celles arrivant par terre des Provinces du Royaume, paieront les droits locaux, selon qu'ils y ont cours.

4°. Qu'aucunes marchandises du crû, pêche & commerce des pays & Etats avec lesquels la France sera en guerre, n'y pourront entrer sans passe-port.

5°. Que les marchandises & denrées dont l'entrée dans le Royaume est défendue, les soies crues & ouvrées, les Etoffes & Draps de soie, les Drogueries & Epiceries, les marchandises du Levant & autres dont l'entrée n'est permise que par certains ports & lieux du Royaume, ne pourront entrer par le port de Toulon, ni être admises dans la Foire, sous les peines portées par les Ordonnances.

6°. Que les marchandises qui seront amenées à Toulon pendant le tems de la Foire, après avoir été déclarées au Bureau des Fermes, feront conduites dans les Places & Halles à ce deſtinées, ſans qu'elles puiſſent néanmoins jouir de la franchiſe de la Foire, qu'elles n'aient été déballées & expoſées en vente, vendues ou échangées, & enſuite ſorties de la Ville, & embarquées pendant leſdits quinze jours, & ce ſur les acquits de franchiſe délivrés par les Maire & Conſuls de Toulon, & contrôlés par les Commis des Bureaux des Fermes.

7°. Qu'il ne pourra être fait aucun magaſin ou entrepôt des marchandiſes deſtinées pour la Foire, ſoit dans la Ville de Toulon, ſoit dans aucune autre Ville, Bourgs, Villages & Maiſons des environs, que quinze jours avant ladite Foire commencée, à peine de confiſcation & de 1500 liv. d'amende.

FOIRES DE BESTIAUX.

On appelle Foires graſſes celles qui ne ſont deſtinées qu'à la vente des Beſtiaux engraiſſés; c'eſt-à-dire, de ceux que les Bouchers viennent acheter pour débiter dans les Boucheries.

Principaux lieux où ſe tiennent les Foires graſſes.

A CHENEVAILLES, gros Bourg de la Haute-Marche d'Auvergne. Ces Foires ſont célèbres par la quantité de bêtes engraiſſées, ſur-tout des bœufs qui s'y vendent, & dont la plupart ſe conduiſent à Paris. Elles ſe tiennent les premiers Mardis de chaque mois.

A BRAINE LE-COMTE, près Soiſſons, il y a trois Foires de beſtiaux tous les ans : la premiere, le 6 Mai, la deuxième le 14 Septembre, & la troiſième le 14 Décembre. Quelques-uns de ces beſtiaux ſe répandent dans les Provinces voiſines : une grande partie vient à Paris. Le nombre des bêtes à laine qui ſe vendent à ces trois Foires eſt infini.

A MANTE, près Corbeil, ſemblable Foire, le 9 Octobre.

A NANGIS, ſemblable Foire, le 4 Juillet.

A CRÉCY EN BRIE, ſemblable Foire, le 29 Septembre, fête de Saint-

Saint-Michel, dans la Prairie de Villiers. Ces deux Foires de bestiaux sont très-considérables, & les Fermiers & Bouchers de l'Isle de France ont coutume d'y aller se fournir.

FOIRES DE CHEVAUX.

Les Foires de Guibray & de Caen, quoique destinées à l'achat & vente des toiles, sont considérées comme deux des principales Foires du Royaume pour les Chevaux Normands.

Dans la même Province de Normandie, deux Foires de Chevaux dans le Cotentin: l'une à Saint-Côme dans le mois de Septembre; la deuxième à la Saint Flexent au mois d'Octobre.

Trois près de Bayeux: l'une à Saint-Laurent sur mer, le 11 Août, l'autre à Saint-Martin sur mer, au mois de Novembre, & la troisième, près de Fermigni, le 21 Juillet.

A Bayeux, trois Foires semblables.

Au Mans, deux : l'une le lendemain des fêtes de la Pentecôte, & l'autre le 19 Juin.

En basse Normandie, Foire de la Martyre pour les Chevaux Bretons, dans la Paroisse de Poulderi : elle commence le deuxième Dimanche du mois de Juillet & dure quatre jours.

A Fontenay en Poitou. Foire de tous les Chevaux qui s'élèvent dans cette Province : elle se tient le 24 Juin, Jour de la Saint-Jean, elle dure trois jours francs ; c'est une de celles du Royaume qui a le plus de réputation pour cette sorte de commerce.

A Niort, dans la même Province, semblable Foire, le premier de Décembre, mais elle n'est destinée que pour les Poulains de lait : elle dure trois jours francs ; c'est-là qu'on vient les enlever pour en faire des nourritures, & les revendre, quand ils sont à l'âge propre au service, pour porter, ou pour tirer.

A CHALUS DANS LE LIMOSIN, Foire de tous les Chevaux de ce Canton.

A ANGERS, ſemblable Foire pour tous les Chevaux Angevins : elle ſe tient le lendemain de la Fête-Dieu, & dure trois jours pour les Chevaux, & huit pour les autres marchandiſes.

A NOGENT-SUR-SEINE, ſemblable Foire, le 11 du mois d'Août.

FOIRE DE VACHES,

A MONTETI EN BRIE, PRES D'OSOY.

C'eſt-là que les Fermiers & Payſans des environs de Paris & de toute l'Iſle de France vont tous les ans en acheter une grande quantité : les uns pour la ſubſiſtance de leur famille, les autres pour en fournir leurs Fermes. Cette Foire ſe tient le 9 Septembre en pleine campagne.

FOIRE DE COCHONS.

A SUSSY EN BRIE, le 14 de Septembre, fête de la Sainte-Croix ; à Champigni, & au-delà du pont de

Saint-Maur : il y en a deux ; l'une ſe tient la derniere Fête de la Pentecôte, & l'autre la derniere Fête de la Touſſaints : ces trois Foires ſont les plus conſidérables en ce genre : il y en a auſſi d'autres dans pluſieurs Village ou gros Bourgs des environs de Paris.

FOIRES ÉTRANGERES.

FOIRES D'ALLEMAGNE.

LEs Foires de Francfort, de Léipsick & de Naumbourg, sont les plus célèbres de celles qui se tiennent en Allemagne, non seulement par le grand commerce qui s'y fait, mais encore par le concours des Princes de l'Empire, de la Noblesse & des Peuples qui s'y rendent de toute l'Allemagne, aussi bien que quantité d'Etrangers de qualité qui viennent passer le tems & jouir des divertissemens, qu'on ne manque pas de trouver dans le tems de ces Foires.

FOIRES DE FRANCFORT.

La ſituation de cette Ville Impériale ſur la riviere du Mein, la rend très-commode pour le commerce, par la facilité du tranſport des marchandiſes qui y arrivent ou qui en ſortent. Il s'y tient deux Foires chaque année, l'une au Printems & l'autre en Automne.

La Foire du Printems, qu'on appelle auſſi Foire de Pâques, commence le Dimanche, dit de la Paſſion, & qui précede celui des Rameaux. La Foire d'Automne, qu'on nomme la Foire de Septembre, commence ſelon le jour où tombe la fête de la Nativité de la Vierge, qui arrive le 8 Septembre, c'eſt-à-dire, qu'elle commence le Dimanche avant cette fête, ſi la fête eſt le Lundi, le Mardi & le Mercredi, & elle ne commence que le Dimanche ſuivant, ſi cette fête tombe au Jeudi, ou au Vendredi, ou au Samedi. Et ſi la la fête arrive un Dimanche, la Foire ouvre le même jour.

On annonce l'ouverture de ces Foires par le ſon d'une cloche : elles durent quatorze jours ou deux semaines, dont la premiere s'appelle la semaine d'acceptation, & la seconde, la semaine de paiement.

Ces Foires sont fameuses par le débit de toutes sortes de marchandises, & par la vente de quantité de beaux Chevaux. Elles le sont encore par la quantité de livres curieux que les Libraires de toute l'Europe ont coutume d'en tirer.

FOIRES DE LEIPSICK,

EN MISNIE.

Il s'y en tient trois par ans: l'une le premier de Janvier, à moins que ce jour n'arrive un Dimanche, auquel cas l'ouverture se remet au lendemain, Lundi. L'autre, qu'on appelle la Foire du nouvel an, dite la Foire d'après Pâques, s'ouvre le Lundi de la troisième semaine d'après cette grande Fête.

La troisième, dite de la Saint-Michel, se tient le Dimanche d'après le 29 Septembre, ou seulement huit jours après, si la fête de Saint-Michel est un jour de Dimanche. Chacune de ces trois Foires dure quatorze jours, c'est-à-dire deux semaines entieres.

L'ouverture de ces Foires se publie le premier jour de chaque Foire, & l'on en publie pareillement la clôture le dernier jour des deux semaines que chacune dure.

Les douze jours qui se trouvent renfermés entre celui de l'ouverture & celui de la clôture, sont proprement ce qu'on appelle le tems des Foires, pendant lequel se font toutes les négociations, les changes & les remises entre les Négocians & Banquiers, aussi bien que la vente & l'achat des marchandises.

L'acceptation des Lettres de change tirées pour être payées en Foire, se fait ordinairement le deuxième jour après leur ouverture: il est néanmoins permis à ceux sur qui elles sont tirées, d'en remettre l'acceptation jusqu'à la semaine des paiemens.

Le tems du paiement des Lettres de Change ne commence qu'après la publication de la fin des Foires,

& dure jusqu'au cinquième jour suivant inclusivement : pendant lequel tems, si elles ne sont pas payées, elles doivent être protestées faute de paiement.

Le protêt, faute d'acceptation, peut bien se faire avant la semaine des paiemens, mais le porteur d'une Lettre de Change n'y est point obligé pour sa sûreté : il ne doit pas même se presser de renvoyer sa Lettre protestée avant la fin de la Foire, parce qu'il se peut trouver souvent des Banquiers & des Négocians autres que ceux sur qui les Lettres sont tirées, qui les acceptent & qui y font honneur.

L'on peut protester, faute de paiement, jusqu'à dix heures du soir du jour de cinq protestations, c'est-à-dire, le cinquième jour des paiemens : plus tard on n'y est pas reçu ; & les porteurs de Lettres qui ne les ont pas fait protester dans ce tems accordé par les Reglemens, en demeurent garants, sans pouvoir avoir recours sur les tireurs.

Ce n'est ordinairement que trois jours après le dernier des cinq jours des paiemens, que les Marchands, Négocians & Banquiers ont coutume de renvoyer les Lettres proteſtées faute de paiement, à ceux qui ont fait les remiſes, dans l'eſperance que quelqu'un ſe préſente pour y faire honneur; mais ſi, après ces trois jours, le paiement n'en a point été fait, les porteurs de ces Lettres, qui en ont deja donné avis au tireur, ſont obligés de les renvoyer avec les protêts, par la premiere Poſte qui ſuit la ſemaine des paiemens.

Au reſte les Foires de Leipſick n'ont pas moins de réputation que celles de Francfort, ſi elles n'en ont même d'avantage.

FOIRE DE NAUMBOURG,

EN MISNIE.

Quoique la Foire qui ſe tient en cette Ville ne ſoit connue que ſous le nom de marché, elle n'en eſt pas moins conſidérable. On l'appelle communément le marché de *Petri Pauli*, ou de Saint-Pierre & Saint-Paul, à cauſe que l'ouverture s'en fait le jour de la fête de ces deux Apôtres, qui arrive le 29 Juin.

Cette Foire ne dure que huit jours : les Négociations pour le change & les protêts, ſoit faute d'acceptation, ſoit faute de paiemetn, s'y font à-peu-près comme aux Foires de Léipſicr.

FOIRES DE NOVE ou NOVI, DANS LE MILANOIS.

Il y en a quatre qui s'y tiennent tous les ans. La premiere, qu'on nomme la Foire de la Chandeleur, commence le premier Février. La seconde appellée la Foire de Pâques, s'ouvre le 2 de Mai : la troisième, dite la Foire d'Août, s'ouvre le premier jour de ce même mois. La quatrième, dite la Foire de la Toussaints, commence le lendemain de cette fête, c'est-à-dire, le 2 Novembre.

Il vient à ces quatre Foires un concours assez grand de Marchands, soit pour vendre, soit pour acheter diverses sortes de marchandises qui y sont apportées de l'Etat de Gênes; car la Ville de Novi est sous la domination de cette République : mais ce qui rend encore plus considérables ces quatres Foires, c'est que, pendant le tems qu'elles se tiennent, les plus riches & les plus fameux Banquiers & Négocians, soit de Lyon, de l'Italie & de quelques Etats encore plus éloignés se raſſemblent pour regler leurs affaires & faire la ſolde de leurs comptes, ſur-tout pour ce qui concerne la Banque & le Change.

Chacune de ces Foires dure ordinairement huit jours : mais il arrive ſouvent qu'on les prolonge, d'un, & quelquefois de deux jours.

Les écritures & les livres de Compte & de Change pour les traites, remiſes & autres affaires qui ſe font en Foire, ſe tiennent par écus, ſols & deniers, d'or de marc, qui ſe ſomment par douze & par vingt; douze deniers d'or de marc faiſant le ſol auſſi d'or de marc, & vingt ſols faiſant l'écu.

FOIRE DE SINIGAGLIA,

PETITE VILLE DANS LE DUCHÉ D'URBIN SUR LA CÔTE OCCIDENTALE DU GOLFE DE VENISE.

Cette Foire ſe tient au mois d'Août : elle eſt fameuſe par le grand concours de Marchands qui y viennent de toutes les parties de l'Italie. La commodité de ſon port y attire quantité de barques & de bâtimens, particulierement des Vénitiens qui y font le plus de commerce.

FOIRES DE RIGA,

Capitale de la Livonie, Province de Russie, sur la mer Baltique.

Il s'y tient deux Foires tous les ans : l'une au Printems au mois de Mai, l'autre en Automne au mois de Septembre. Elles sont fort fréquentées : il s'y trouve quantité de vaisseaux François, Anglois, Hollandois, & de toutes les Villes du Nord.

La plus grande partie du commerce que les Etrangers font pendant ces Foires, se fait en Ricshdales, avec lesquelles il faut payer comptant ce qu'on y achette ; cependant on y fait quelques échanges. Ces Foires étoient bien plus célèbres avant que le Czar Pierre eût fait la conquête de la Livonie sur les Suédois, & qu'il eût fait construire sur la mer Baltique, dans le Golfe de Finlande, la fameuse Ville de Pétersbourg, dont le commerce fait ombrage à toutes les Villes marchandes du Nord.

FOIRE D'ARCHANGEL,

VILLE DE MOSCOVIE SITUÉE SUR L'EMBOUCHURE DE LA DUWINA DANS LA MER BLANCHE.

Cette Foire se tient à la mi-Août, & dure environ un mois. Il y arrive des vaisseaux Russes marchands de toutes les Provinces de ce vaste Empire; ainsi que des vaisseaux François, Anglois, Hollandois, Suédois, Danois, Hambourgeois qui se rassemblent dans le port de cette Ville au nombre de plus de 300, & qui y font un grand commerce.

Cette Foire n'est pas franche, & les droits d'entrée & de sortie se paient tres-exactement & sur un pied très-haut.

FOIRES DE PORTOBELLO, DE LA VERA-CRUX, ET DE LA HAVANNE DANS L'AMÉRIQUE.

Ces trois Foires ſont les plus conſidérables de toutes celles qui ſe tiennent dans l'Amérique Eſpagnole. Celle de Portobello, & celle de Vera-Crux, durent autant que les Galions ou la Flotte ſéjournent dans leurs ports. Celle de la Havanne s'ouvre à l'arrivée, ou des Galions, ou de la Flotte, & ſelon qu'à leur retour en Europe, les uns ou les autres y arrivent les premiers. Car la Havanne eſt le lieu où les vaiſſeaux ſe raſſemblent avant d'embouquer le détroit de Bahama.

SECONDE PARTIE.

ÉTAT
DES FOIRES
ORDINAIRES DU ROYAUME;

Rangé ſelon l'ordre Alphabétique des Provinces, Villes & lieux où elles ſe tiennent :

AVEC

L'Indication des jours du mois de chaque Foire, & du tems qu'elles durent :

EN OUTRE

de tous les lieux où il y a des Marchés francs.

SECONDE PARTIE.

ÉTAT DES FOIRES ORDINAIRES DU ROYAUME.

ANJOU.

FOIRES à ANGERS, le 1 Mai.

Le lendemain de la Fête-Dieu, grosse Foire de bestiaux, durant trois jours.

Le Mercredi devant la Saint-Martin.

A BEAUFORT, le lendemain de la Notre-Dame de Mars, Foire franche, nouvellement rétablie pour le commerce des bestiaux.

Le 24 Juin, Foire franche pour le même commerce.

A Beaugé, le 24 Août, jour de Saint-Barthelemi.

A Bellay, le 25 Juin.

A Chollet, le 17 Janvier, le Samedi de devant les Rameaux, la Foire dite Lauzanne.

Le 23 Avril.

Le 11 Octobre, marché considérable de 15 en 15 jours, le Samedi de la premiere Semaine de Carême, jusqu'à la Saint-Jean.

A la Fleche, le Mercredi avant la Pentecôte.

Le 25 Juin.

Le 23 Août.

Le 28 Octobre.

Le 30 Novembre.

Et Marché franc tous les Mercredis de l'année.

A Laubriere, le 4 Octobre.

A Saumur, le 22 Janvier.

AUVERGNE.

FOIRES à BRION, le 25 Mai.

Le 22 Juillet.

A CLERMONT, le 9 Mai.

Le 11 Novembre.

A CLERMONT-FERRAND, le Jeudi Saint.

Le 6 Juillet.

A MONTFERRAND, le Mercredi devant le Carême.

Le Lundi Gras.

Le 29 Novembre.

BERRI.

FOIRES à BARMONT, le 4 Octobre.

A BAUGY, le 21 Septembre, jour de Saint Mathieu.

A BOURGES, le 11 Juin, jour de Saint-Barnabé.

Le 27 Décembre, & dure 11 jours.

A CHATEAUNEUF-SUR-CHER, le 3 Février.

A CHATEAUROUX, le même jour.

A ISSOUDUN, le 25 Novembre.

A LA CHATRE, le 24 Août.

A MONTMORIN, le 1 Septembre.

A RAYMOND, le même jour.

A LA VERDINE, le 22 Septembre.

A VIERZON-SUR-CHER, le 3 Fév.

BOURBONNOIS.

FOIRES à BOURG-LE-COMTE, le 29 Septembre.

A CHATEAU-SUR-ALLIER, le 21 Septembre.

A CRESSY-LES-FORGES, le premier Dimanche d'après le 1 Septembre.

A HERISSON, le 2 Septembre.

A HURIEL, le 30 Septembre.

A MONTCENI, le Mercredi d'après la Chandeleur.

A MONTLUÇON, l'Octave de la Saint-Michel.

A MOULINS, le 29 Septembre, jour de Saint-Michel.

A LA PALISSE, le 1 Septembre.

A PARRAY-LE-FREZI, le 21 Septembre, jour de Saint-Mathieu.

BOURGOGNE.

FOIRES à AUTUN, le 18 Mars.
Le 28 Juillet.
Le 1 Septembre.
Le 7 dudit mois.

A AUXERRE, le Lundi d'avant la Chandeleur.
Le Lundi avant le Dimanche des Rameaux.

Le Lundi avant la Pentecôte.

Le 22 Juillet, jour de la Magdelène, Foire franche.

Le Lundi avant la Notre-Dame de Septembre.

Le 11 Novembre, jour de la St.-Martin.

A BAR-SUR-SEINE, le 2 Décembre.

A CHALON-SUR-SAONE, le 25 Juin.

A CHATILLON-SUR-SEINE, le 20 Janvier.

Le 11 Juin, jour de St.-Barnabé.

A CHERVAIS, Marché franc, près Bar-ſur-Seine, tous les Lundis de l'année.

A DIJON, le 26 Juin.

A MACON, le Lundi Gras.

Le 16 Mai.

A MONCEAUX, près Charolles dans le Charolois, le 15 Avril.

Le 30 Juin.

Le 3 Août.

Le 5 Octobre.

Le 9 Décembre.

A MUSSY L'EVEQUE, le 23 Janvier.

A PERRECY en Charolois, le 21 Mars.

Le 3 Mai.

Le 6 Juin.

Le 11 Juillet

Le premier Mercredi d'Août.

Le 14 Septembre.

Le 29 Octobre.
Le 11 Novembre.

A VITTEAUX.

A VERDUN, le 28 Octobre.

BRETAGNE.

FOIRES à ANCENIS, le 30 Novembre.

A BOURGNEUF, le 6 Août.

A CARHAIX, le 1 Novembre, dure six jours.

A CURHAUX, vers la mi-Carême.

A CIVRAY POITEVINE, vers la mi-Carême.

A CLISSON dans le Nantois, vers la mi-Carême.

A DINANT, vers la mi-Carême.

A GUERANDE, le 18 Octobre.

A LA HOUSSAYE, le 6 Septembre.

A LA MARTYRE, Paroisse de Poulderi en Basse Bretagne, le second Dimanche du mois de Juillet.

A NANTES, le 2 Février, dure 15 jours.
Le 24 Mai, dure 15 jours.

A NOYELLE, le 3 Juillet.

A PELLEVIN, le 16 Août.

A PAIMBEUF, le 9 Avril.
Le 28 Août.

Le 3 Novembre, dure 8 jours.

AU PETIT-MARS.

A PONTIVI, le 3 Juillet, dure huit jours.

Le 6 Septembre, dure huit jours.

A PORNIC, le premier Septembre.

Le 30 Novembre.

A RENNES, depuis le premier Lundi de devant le Dimanche Gras, jusqu'au premier Lundi de Carême.

Et Marché franc de Chevaux, Bœufs & autres bestiaux, tous les Mardis de l'année.

A SAINT-JULIEN DE VOYANTE, le 28 Août.

A SAINT MALO, le 23 Juillet.

A SAINTE-HONORINE, le vendredi d'après l'Ascension.

A SAINTE-PAZANNE, le 22 Juillet.

A TREGUIER, le Lundi d'après la Fête-Dieu.

CHAMPAGNE.

FOIRES à BOURBON-LES-BAINS, en Bassigny, le 28 Juillet.

A BOURMONT en Bassigny Barrois, le 13 Février.

Le Mardi des Fêtes de la Pentecôte, Foire considérable.

Le 13 Août.

Le 29 Octobre pareille Foire.

A BUSTIERE LA GRUE, Brie Champenoise, le 21 Septembre.

A CHABLIS, le 27 Décembre.

A CHALONS-SUR-MARNE, le Vendredi de devant les Rameaux.

Le Vendredi d'après la Pentecôte.

Le Vendredi d'après la St.-Denis.

Le Vendredi d'après la St.-Martin.

A CHAOURCE, le 3 Mai, considérable pour les bestiaux & les grains.

Le Lundi avant la décolation de Saint-Jean qui est le 29 Août, pareille Foire.

Le 18 Octobre, pareille Foire.

A CHATEAU-THIERRI, dans la Brie Champenoise, le 11 Mai.

Le 9 Juin, Foire franche.

A CHAUMONT EN BASSIGNY, Foire Grasse, le lendemain des Fêtes de Pâques.

A CHERVAY, près Bar-sur-Seine, Le 4 Mai.

Le 27 Septembre

A CRUSSY-LE-CHATEL, près Tonnerre, le premier Mai.

Le 17 Août.

Le 30 Novembre, dure 8 jours.

A EPERNAY, dans le Rémois, le Jeudi de la mi-Carême, & dure 15 jours.

Le 22 Juillet.
Le 14 Septembre.
Le 30 Octobre.

A LA FÉRE en Tartenois, entre Soiſſons & Châtillon, le Jeudi de la mi-Carême, Foire de chevaux & de beſtiaux.
Le 24 Juin, même Foire.
Le premier Octobre.
Et Marché franc tous les premiers Mercredis du mois.

A FÉVROL, près Montereau, le 26 Juin.

A FLAGY, près Montereau, les Fêtes de la Pentecôte.

A JOIGNY, dans le Sénonois, le 13 Janvier.
Le 10 Septembre.

A LANGRES, le 13 Février, dure 10 jours.

A MALIGNY, près Chablis, le 22 Janvier.
Le 17 Août.
Le 30 Novembre.
Et Marché franc tous les Mardis de l'année.

A MEAUX, Brie Champenoiſe, à la mi-Mai.
Le 3 Novembre.
Le 11 Novembre.

A MONTREAU, le 7 Septembre.

A NOGENT-SUR-SEINE, le 11 Août; Foire de Chevaux.

Le 28 Octobre.

A PONT-SUR-SEINE, le 24 Août.

Le 21 Décembre, jour de Saint-Thomas.

A PROVINS, Brie Champenoise, le Mardi des Rogations, dure six semaines.

Le 14 Septembre.

Le 29 Novembre.

Et Marché franc tous les Samedis de l'année.

A REIMS, Foire franche le lendemain des Rois, dure huit jours; & après pour les priviléges, vingt jours francs de tous droits.

Le Lundi de Pâques, dure huit jours, & après pour les priviléges, quinze jours francs &c.

Le Lundi avant la Magdelène, dure trois jours, & pour les priviléges encore quinze jours francs de tous droits.

Le premier Octobre, trois jours, & pour les priviléges, quinze jours après francs de tous droits.

A ROSOY EN BRIE, le 11 Novembre, jour de Saint-Martin.

A ROUVRAY SAINT-FLORENTIN, Foire franche, le premier Samedi de Carême.

Le 9 Mai, même Foire.

Le 30 Juin, même Foire.

Le 13 Août.

Le 30 Août.

Le 30 Octobre.

Le 28 Novembre.

Et Marché franc tous les Mardis de l'année.

A SAINT-FLORENTIN, le premier Samedi de Carême.

Le 13 Août.

Le 28 Octobre, jour de Saint-Simon, Saint-Jude.

A SAINT FRAJOU, le 30 Novembre.

A SAINTE-MENEHOULT, Haute Champagne, le 13 Février.

Le 25 Août.

Le 11 Novembre.

A SENS, le 21 Mars.

Le 17 Octobre.

A TONNERRE, Basse Champagne, le Lundi Gras.

A TORCY, Brie Champenoise, le 16 Août.

A TROYES, Foire franche, le second Lundi de Carême.

Le 25 Avril, & finit à la Pentecôte.

Le premier Septembre, Foire franche, dure huit jours.

A VALENCE, près Montreau, le 25 Juillet.

A VITRI LE FRANÇOIS, jour de Saint Matthias en Février.
Le 22 Juillet.
Le premier Septembre.
Le 11 Novembre.
Le premier Décembre.

DAUPHINE'.

FOIRES à la Baronnie d'Oze, le 9 Juillet.
A BRIANÇON, le premier Septembre.
A GRENOBLE, le 22 Janvier, dure trois jours
Le Dimanche des Rameaux.
Le 15 Août, dure trois jours.
Le premier Décembre, Foire de Poulains de lait.
A SAINT-DONAT, le 29 Septembre.
A TOURNON, près Grenoble, le 29 Août.

FLANDRES FRANÇOISE.

FOIRES à AVESNE, le 8 Mai.
Le 8 Juin.
Le 8 Juillet.
Le 9 Août.
Le 8 Septembre,
Le 8 Octobre.
Le 8 Novembre.
Le 8 Décembre.

A BAVAIS, dans le Hainault, le 15 Mai.
Le 15 Juin.
Le 15 Juillet.
Le 15 Août.
Le 15 Septembre.
Le 15 Octobre.
Le 28 Octobre.
Le 15 Novembre.
Le 15 Décembre.

A BOUCHAIN, le premier Vendredi de Mai.
Le premier Vendredi de Juin.
Le premier Vendredi de Juillet.
Le premier Vendredi d'Août.
Le premier Vendredi de Septembre.
Le premier Vendredi d'Octobre.
Le premier Vendredi de Novembre.
Le premier Vendredi de l'Avent,

A Cambray, Marché franc tous les derniers Vendredis de chaque mois.

Au Cateau-Cambrésis, le 22 Avril.
Le 22 Mai.
Le 22 Juin.
Le 22 Juillet.
Le 22 Août.
Le 22 Septembre.
Le 22 Octobre.
Le 22 Novembre.
Le 22 Décembre.

A Condé, le 2 Mai.
Le 2 Juin.
Le 2 Juillet.
Le 2 Août.
Le 2 Septembre.
Le 2 Octobre.
Le 2 Novembre.

A Landrecy dans le Hainault, le 18 Mai.
Le 18 Juin.
Le 18 Juillet.
Le 18 Août.
Le 18 Septembre
Le 18 Octobre.
Le 15 Novembre.
Le 15 Décembre.

A Maubeuge, le 6 Mai.
Le 6 Juin.
Le 6 Juillet.

Le 6 Août.
Le 6 Septembre.
Le 6 Octobre.
Le 6 Novembre.
Le 6 Décembre.

A LISLE, le 20 Janvier.

AU QUESNOY, le 12 Avril.
Le 12 Mai.
Le 12 Juin.
Le 12 Juillet.
Le 12 Août.
Le 12 Septembre.
Le 12 Octobre.
Le 25 Octobre, dure 8 jours.
Le 11 Novembre.
Le 12 Décembre.

A VALENCIENNES, le 10 Avril.
Le 10 Mai.
Le 10 Juin.
Le 10 Juillet.
Le 10 Août.
Le 16 Août, Marché franc de chevaux & bestiaux.
Le 10 Septembre.
Le 10 Octobre.
Le 10 Novembre.
Le 10 Décembre.
Et Marché franc le 10 de chaque mois, excepté les Fêtes & Dimanches, & en ce cas, la veille ou le lendemain.

FOIX.

FOIRES à TARASCON EN FOIX, le 8 Mai, de Mulets & autres bestiaux ; de laines d'Espagne & de fer : elle dure trois jours francs, pendant lesquels, *on dit* qu'on ne peut arrêter personne pour dettes.

Au même lieu, le 30 Septembre, Foire considérable de Mulets & autres bestiaux, & elle dure 3 jours avec les mêmes priviléges.

FRANCHE-COMTE'.

FOIRES à BESANÇON, le Lundi d'après la Chandeleur.

LeLundi d'après la St.-Barthelemi.

A GRAY, le 22 Septembre.

AU MONT, le 29 Septembre.

A PANSEROLLES, le 22 Septembre.

A SAINT-CLAUDE, le 22 Septembre.

A VESOUL, le 22 Septembre.

GUIENNE.

FOIRES à BAYONNE, dans la Gascogne, le premier Mars.

Le premier Août, dure 15 jours.

A BORDEAUX, le premier Janvier.

Le premier Mars, dure 15 jours.

Le 16 Octobre, dure 15 jours.

A BOULOGNE en Comminge dans la Gascogne, le Mercredi d'après les Rois.

Le 28 Mai.

Le Mercredi d'après la Saint-Jean.

Le 6 Août.

Le 11 Novembre, Foire de Saint-Martin, dure trois jours.

Et Marché franc tous les Mercredis, de quinzaine en quinzaine.

A L'ISLE en Dodon, le 30 Septembre.

A MARMANDE, dans l'Agenois, le premier Mardi de Carême.

Le Mardi des Fêtes de la Pentecôte.

Le 22 Juillet.

Le Mardi d'après la Saint-Martin.

A SAINT-FRAJOU, en Comminge, le 3 Janvier.

Le 24 Mars.

Le 3 Mai.

Le 22 Juillet.

Le 14 Septembre.

Et Marché franc tous les Mercredis de l'année.

ISLE DE FRANCE.

A ARNOUVILLE près Gonnesse, Marché franc tous les Mardis de l'année.

Au même lieu le 26 Juin, Foire de bestiaux, vins en gros & autres denrées & marchandises, elle dure trois jours.

Le lendemain de la Saint-Jean, Foire & Etape de vins pendant un jour.

Le 11 Novembre, Foire de la Saint-Martin, dure trois jours.

A ARPAJON, le Jeudi-Saint.

Le 24 Août.

A BESONS, le premier Dimanche après la St. Fiacre.

A BIEVRE, près Issy, le 6 Décembre.

A PLANDI en Brie, le 21 Septembre.

A BRAYNE, près Soissons, le 6 Mai, Foire de bestiaux.

Le 14 Décembre.

Et Marché franc le troisième Mardi de chaque mois.

A BRIE-COMTE-ROBERT, le 14 Septembre.

Le 28 Octobre.
Le 30 Novembre.

A CHARENTON, le 29 Séptembre, jour de Saint-Michel.

A CHATEAUFORT, près Verſailles, le 28 Octobre.

A CHATEAU-SAINT-ANGE ou DORMELLE, le 19 Juin.

A CHAUME en Brie, le Mardi de la ſemaine de la Paſſion, Foire aux œufs.
Le Mardi d'après la Saint Pierre.
Le 19 Octobre, Foire de Saint-Savinien.

A CHELLE en Brie, le 30 Janvier.
Et Marché franc tous les Mercredis de l'année.

A CHEVREUSE dans le Hurepoix, le 22 Juillet.
Le 11 Novembre.

A CHOISY-LE-ROI, le Lundi avant la Pentecôte.
Et le 18 Octobre, dure 8 jours.

A COMPANS-LA-VILLE, entre le Meſnil & Dammartin, le 21 Mai, Foire conſidérable en toute ſorte de bétail & denrées : elle ſe remet au lendemain quand le 21 eſt Fête. Le jour de cette Fête, le Seigneur fait tirer un prix qui eſt une écuelle d'argent.

Au même lieu, le 21 Novembre, pareille Foire de bestiaux & denrées.

Et Marché franc le dernier Mercredi du mois.

A COMPIEGNE dans le Valois, le Jeudi de la mi-Carême.

A COULOMMIERS, le 10 Octobre, Foire de bestiaux, dure 8 jours.

Et Marché franc tous les premiers Mercredis du mois.

A CRÉCY en Brie, le 29 Septembre.

A CRESPY en Valois, le second Lundi de Carême : Foire considérable de Chevaux, bestiaux, de toute espéce, de toiles, lin, chanvre & vins.

Le 3 Novembre, pareille Foire.

Et Marché franc tous les premiers Mercredis du mois, portant exemption des droits de gros des Aydes sur les vins qui se vendent pour l'étape.

A DONNEMARIE, dans la Brie, le 6 Août.

A DOURDAN dans le Hurepoix, le Lundi d'après le troisième Dimanche de Septembre.

A LA FERTÉ-ALAIS, dans le Gâtinois, le Jeudi de la mi-Carême.

A FONTAINEBLEAU, dans le Gâtinois,

le lendemain du Dimanche de la Trinité, dure trois jours francs.

Et le 25 Novembre, 3 jours francs.

A FONTENAY en Brie, le 30 Octobre.

A GERSY, en Brie, le 24 Août.

A GONESSE, le 3 Février.

A LAGNY, dans la Brie, le 3 Février.

Et le 30 Novembre.

A LONGJUMEAU, Le Mercredi de la ſemaine de la Paſſion, & dite la Foire aux œufs.

Le 25 Juin.

Le 21 Décembre.

A LOUVRE, en Pariſis, le premier Mai.

Le 25 Novembre.

A LUZARCHES, le 27 Septembre, le 28 Octobre.

A MAGNY, dans le Vexin, le premier Mai, jour de Saint-Jacques & Saint Philippe.

Le 29 Septembre, jour de Saint-Michel.

A MENNECY, près Corbeile, le 9 Octobre, jour de Saint-Denis, Foire de Chevaux & beſtiaux.

AU MESNIL, en France, le 5 & le 6 Juillet.

Le 2 Septembre.

Et Marché franc le premier Lundi de chaque mois, excepté Juillet & Septembre, portant exemption des droits de gros des Aydes sur les vins qui se vendent pour l'étape lesdits jours.

A MEUDON, près Paris, le premier Juin, Foire Royale.

A MONNANS, en Brie, Foire franche le Jeudi de la semaine de la Passion.

A MONTEZY, près Brie-Comte-Robert, le 8 & le 9 Septembre, Foire de bestiaux.

A MONTFERMEIL, le 29 Septembre.

A MONTMORENCY, aujourd'hui Enghien. Marché franc considérable de bestiaux & de toutes marchandises tous les Lundis de l'année.

A MORMANS, en Brie, le premier Lundi d'Août, Foire franche.

Le 24 Octobre, pareille Foire.

A PALAISEAU, le 3 Février.

Le 25 Novembre.

A PARIS, Foire Saint-Germain, le 3 Février, nous en avons parlé dans la premiere partie de cet ouvrage.

Le jour de Saint Matthias, en Février.

Le 25 Juillet, Foire Saint-Laurent,

jusqu'au 30 Septembre : mais elle n'est plus fréquentée.

Le 15 Août, Foire Saint-Ovide, Place de Louis XV, jusqu'à la fin de Septembre.

Le 28 Octobre, jour de Saint-Simon & Saint-Jude, Foire aux Manchons au Temple : on y vend des Manchons, des Fourrures, des Camelots, des Merceries : elle appartient au Grand Prieur de France.

Foire aux Jambons le Mardi de la Semaine-Sainte, se tient dans le Parvis de l'Eglise Notre-Dame ; elle appartient à l'Archevêque & au Chapitre de Paris.

A Pontoise, dans le Vexin, le 11 Novembre, Foire de la St.-Martin.

A Roissy, le 2 Novembre.

A Rosay, en Brie, le 25 Juin.

A Saint-Cloud, près Paris, le 8 Mai.

Le 7 Septembre.

Et le Dimanche d'après.

A Saint-Denis, en France, le Lundi d'après la Saint-Barnabé, Foire dite du Landi, dure 8 jours ; on en a parlé dans la premiere Partie.

Le 9 Octobre, autre Foire.
Le 10 Octobre, Foire de bestiaux.

A SAVIGNY, près Juvisy, le 11 Novembre.

A SENLIS, dans le Valois, le premier Samedi de Carême.
Le 2 Mai.
Le 25 Juin.
Le Lundi d'après la Saint-Luc, qui est le 18 Octobre.

A SOISSONS, le 6 Mai, Foire de bestiaux.
Le Lundi d'après la St.-Martin.
Et Marché franc le troisième Mercredi de chaque mois.

A SUCY, en Brie, le 14 Septembre, Foire de bestiaux.

A TORCY, en Brie, le 3 Mai.
Le 9 Décembre.

A VAUHALLANT, près Versailles, le 24 Août.

A VERSAILLES, le jour de la Saint-Matthias.
Le premier Mai.
Le 25 Août.

A YERES, en Brie, le 3 Mai.
Dans la Paroisse du même Yeres, Foire considérable de bestiaux, près le Château de la Grange du milieu, le 31 Août, & dure trois jours.

LANGUEDOC.

FOIRES à ALAIS, dans les Cévennes, Le 24 Aout.

A BEAUCAIRE, le 22 Juillet; on a parlé de cette fameuse Foire dans la premiere Partie.

A MONTPELLIER, le 16 Août, jour de Saint-Roch, natif de cette Ville.

AU VIGAN, dans les Cévennes, le 9 Septembre, dure trois jours. Elle abonde en bestiaux, Mules, Mulets, Chevaux: il s'y vend des soies trames d'Alais, bas de soie, dits de Gange & bas de Cotton, dont il y a dans les environs une Manufacture considérable: il s'y vend encore des étoffes de laine de plusieurs sortes.

LIMOSIN.

FOIRES à BRIVES, le 17 Juin, elle est franche & dure 3 jours.

A LIMOGES, le 22 Mai, dure huit jours.

LORRAINE.

FOIRES à LONGNY ou LONGOUY, dans le Barrois, le jour de Saint-Matthias.

Le premier Mai, pour les Chevaux & bestiaux.

Le 21 Décembre.

Au même lieu, assemblée le 8 Septembre.

Et le 21 Septembre, Fête de Saint-Matthieu.

A LUNÉVILLE, le 17 Avril.

A MIHEL, le 13 Novembre.

A NOMENY, le 25 Août.

A SAINT-NICOLAS, le 6 Décembre.

A SIERS, le Jeudi d'après la Notre-Dame de Septembre.

LYONNOIS.

FOIRES à CHATILLON LEZ-DOMBES, dans la Basse-Bresse, le 28 Octobre, jour de Saint-Simon.

A LYON, le premier Lundi d'après les Rois, dure le reste du mois : les paiemens des Rois s'y font au premier Mars.

Le 3 Avril, Fête de Saint-Nizier, les paiemens de Pâques commencent le premier Juin.

Le 4 Août, & dure 15 jours ouvriers : les paiemens d'Août se font le premier Septembre.

Le 3 Novembre, jour de Saint-Hubert, & dure 15 jours : les paiemens de la Toussaints se font au premier Décembre.

MAINE.

FOIRES à BELLESME, dans le Perche, le 10 Août, jour de Saint-Laurent.

Le 28 Octobre, jour de Saint-Simon.

Le meme jour, hors la Ville.

Le 25 Novembre.

A BONNÉTABLE, le Mardi d'après la Chandeleur; foire considérable de bestiaux, le Mardi de devant la mi-Carême.

Le second Mardi d'après la Pentecôte.

Le Mardi d'après la Saint-Gervais, & 19 Juin, & remise au Mercredi, si celle du Mans tient le même jour, la Saint-Gervais avenant un Lundi.

Le Mardi avant la Notre-Dame de Septembre, foire considérable de toutes sortes de bestiaux & de marchandises.

Le Mardi d'avant la Saint-Michel, foire considérable de toutes sortes de marchandises.

Le Mardi d'après la Toussaints, pareille foire.

Le Mardi d'avant la Saint-Nicolas, qui est le 6 Décembre, pareille foire.

A CHASSANT, au Perche, foire de chevaux & bestiaux, ne dure qu'un jour.

Le 15 Septembre, pareille foire.

A LASSAY, au Bas-Maine, à la mi-Mai, dure six jours, considérable pour les bestiaux & marchandises de fil, laine & plume.

Autre le premier Septembre.

Le 12 Septembre, foire de bestiaux.

Le 30 Novembre.

Le dernier jour de l'an.

A LA LOUPE, au Perche, le premier Mercredi d'Octobre.

A MALICORNE, le 7 Septembre.

Le 29 Août.

AU MANS, le lendemain des Fêtes de la Pentecôte.

Le 19 Juin, Fête de Saint-Gervais, grande foire de bestiaux.

A MAMERS, le 14 Septembre.

Le 29 Septembre, jour de Saint-Michel.

Et Marché franc tous les Lundis de l'année.

A MORTAGNE, dans le Perche, foire de chevaux, le Jeudi de la mi-Carême.

Le Samedi suivant.
Le lendemain de la *Quasimodò*.
Le 24 Juin, jour de la Saint-Jean.
Le 25 Juillet.
Le lendemain de la Saint-André, 30 Novembre.

A NEUFWI, 25 Novembre.

A PRÉ, en Bail, au Bas-Maine, Marché franc tous les Samedis de l'année.

A TUSSÉ, près du Mans, le 28 Juin, veille de la Saint-Pierre, grande assemblée.
Le 15 Août, grande assemblée.
Le 25 Novembre.
Et Marché franc tous les Jeudis de l'année.

A VERNEUIL, au Perche, le 9 Octobre, jour de Saint-Denis.

MARCHE,

MARCHE.

FOIRES à AHUN, dans la haute Marche, le 14 Janvier; il y en a plusieurs.

La premiere est pour les bestiaux.

Le Mercredi des Cendres, Foire grasse.

Le lendemain des Fêtes de Pâques.

Le 25 Mai, Foire de bestiaux.

Le 23 Juin, même Foire.

Le 2 Septembre, Foire St.-Gilles.

Le 28 Octobre, Foire grasse.

Le premier Décembre.

A AUZANCE, en Combraille, frontiere de la haute Marche, le 22 Janvier, Foire de bestiaux.

Le second Lundi de Carême, Foire grasse.

Le 4 Juillet, Foire de bestiaux.

Le 11 Août, pareille Foire.

Le 13 Octobre.

Le 11 Novembre.

Et Marché de bestiaux tous les Mardis, depuis le second Mardi de l'Avent, jusqu'au Mardi Gras. Si le Mardi est Fête, le Marché se tient la veille : à l'égare des autres jours de Foire, quand ils arrivent le Dimanche ou jour de Fête, la Foire eſt remiſe au lendemain.

A Bussiere, nouvelle, près Chartrain en Combraille, Foire de moutons, le Jeudi d'après Pâques.

A Chambon, en Combraille, le 17 Mai.

A Chenevalles, en haute Marche, Marché franc tous les premiers Mardis du mois.

A Lépaud, en Combraille, le 17 Janvier.

Le 25 Novembre.

A Montaigu, en Combraille, Foir conſidérable de beſtiaux, en Novembre, pendant trois Mardis conſécutifs.

A Nangis-Saint-Martin, près Belleſme dans le Perche, le 4 Juillet, Foire de chevaux.

NIVERNOIS.

FOIRES ; à AUNAY, le 14 Septembre.

A CHATEAU-CHINON, le premier Lundi de l'année.

La veille de l'Aſcenſion.

Et tous les Lundis depuis le premier Septembre juſqu'à Pâques.

A GANNAY, le 14 Septembre.

A NEVERS, Foire de brandons, le premier Lundi de Caréme.

Le 16 Juin.

Le premier Septembre.

Le Samedi d'après la Saint-Denis, 9 Octobre.

A PIONSAC, le 14 Septembre.

A SAINT-PIERRE-LE MOUTIER, le lendemain des Fêtes de Pâques.

NORMANDIE.

FOIRES à ALENÇON, le 3 Février.
Le second Lundi de Carême, Foire considérable de chevaux.

A ARGENTANT, près de Séez, le 22 Janvier.
Le lendemain de la *Quasimodò*, Foire franche de chevaux & bestiaux, dure trois jours.
Le lendemain de la Pentecôte, pareille Foire.
Le 3 Octobre, pareille Foire.

A BAYEUX, le 2 Novembre.

A BRAY-SUR-SEINE, le 9 Septembre.

A CAEN, le premier Lundi de Carême, Foire de bestiaux, & quelques jours avant il se fait une vente considérable de chevaux.
Huit jours après la *Quasimodò*, Foire franche & dure 15 jours.
Le 18 Juillet.

A CÉRISY, en basse Normandie, les 11 & 12 Août.

A COUTANCES, le 29 Octobre, dure trois jours.

A COUVÉ, le 24 Juin, Fête de la Saint-Jean.

A DREUX, le 2 Septembre.

A FALAISE, le 23 Juin, Foire de chevaux & bestiaux.

A FORMIGNY, près Bayeux, le 4 Juillet.

A GAVRAI, en basse Normandie, le 18 Octobre.

Le 19 pour les bestiaux, & surtout les moutons.

A GUILLAIN, près Coutances, le premier Mai.

A GUIBRAY, le 10 Juillet, pour les chevaux seulement.

Le 16 Août, & dure 15 jours.

Le 15 Septembre, dite la *Petite Guibray*, dure 16 jours, considérable pour les chevaux & la Mercerie.

HARAS DU ROI, (aux) près d'Argenton, le 25 Octobre.

A LAIGLE, le 9 Octobre, Foire franche de jeunes poulains.

Le 11 Novembre.

MELLERAUT, (au) le 21 Septembre, jour de Saint-Mathieu.

Le 29 Septembre, jour de Saint-Michel.

Le 18 Octobre, jour de Saint-Luc.

A MONTBOURG, près de Valogne, Foire célèbre en bestiaux & surtout en beaux chevaux, à la mi-Carême & la veille du Dimanche des Rameaux.

A MONTPINSON, en basse Normandie, les 11 & 12 Août.

A NEUBOURG, le premier Mai.

A NONAN, le 3 Février.
le Vendredi devant la semaine de la Passion, dite la *Foire Fleurie.*
Le premier Mai.
Le 16 Juin.
Le 22 Septembre.

A PERIER, en basse Normandie, le 20 Juin, Foire de Saint Sébastien.

A PONTEAU-DE-MER, le Lundi & le Mardi Gras.

A ROUEN, le 3 Février, & dure 15 jours.
Le lendemain de la Pentecôte & dure 15 jours.
Le 18 Octobre.
Le 23 Octobre, jour de Saint-Romain, Foire du Pardon, dure 6 jours.

A RUGIE, près Laigle, le premier Vendredi de Septembre.
Le 25 Npvembre.

A SAINT BENOIT DE LAIGLE, le 11 Juillet.

A SAINT-CÔME, près Carentan, en basse Normandie, le 27 Septembre, Foire de Chevaux & Bestiaux.

A SAINT-GILLES, au Ponteau de Mer, le premier Septembre.

A SAINT-LAURENT SUR-MER, en basse Normandie, le 1er Août.

A SAINT-LO, en basse Normandie,
Le Jeudi de la mi-Carême.
Le 22 Juillet.
Le premier Jeudi de Septembre, dure trois jours, & si la Fête de Saint Gilles arrive le même jour, la Foire s'ouvre le même jour.
Le 21 Septembre, jour de Saint-Mathieu.

A SÉEZ, Foire de Chevaux, le Mercredi des Cendres.
Le Mercredi-Saint.

A TESSY, en basse Normandie, le 30 Juin.

A TILLY DORCEAU, en Basse Normandie, le 22 Juillet.
Et Marché franc tous les premiers Lundis du mois.

A TORIGNY, en basse Normandie le 22 Juillet.

A TRUN, le 6 Mai.

ORLEANOIS.

FOIRES à ANGERVILLE, la Gaste en Beauce, le 20 Juillet.

Le 2 Novembre.

Le 3 Novembre.

Et Marché franc tous les Vendredis de l'année.

'A AUNEAU, en Beauce, le 27 Septembre, Foire de bestiaux.

Le 2 Novembre.

'A BEAUMONT, en Gâtinois, le 2 Mai.

Le Mardi, veille de Saint-Fiacre, ou le 28 Août.

Le 30 Novembre, Fête de Saint-André.

Et Marché franc tous les Mardis de l'année.

'A BLOIS, le 29 Août, & dure 10 jours.

'A BRANSBE, près Nemours, le 3 Mai.

Le premiere Septembre.

'A Chartres, en Beauce, le 11 Mai, Foire franche des barricades, dure huit jours.

Le 24 Août, dure trois jours.

Le 30 Novembre.

A CHATEAUDUN, le premier Jeudi de Mai.

Le premier Jeudi de Juillet.

Le dernier Jeudi du mois d'Août.

Le dernier Jeudi d'Octobre.

A EPERNON, le 21 Décembre, jour de Saint-Thomas.

A ESGREUILLY, près Nemours, le 4 Juillet.

A ETAMPES, le 2 Septembre.

Le 29 Septembre, jour de Saint-Michel.

Et Marché franc tous les Samedis de l'année.

A GIEN-SUR-LOIRE, le second Lundi de Carême, & dure huit jours.

A MEREVILLE en Beauce, Foire franche le 14 Mars.

Le 9 Mai.

Le 21 Décembre, jour de Saint-Thomas.

Et Marché franc tous les Mardis de l'année.

A MESSE, près Etampes, le 8 Juin.

Le 25 Novembre.

A MILLY, en Gâtinois, le 22 Janvier.

Le 3 Mai.

Le 28 Octobre, jour de Saint-Simon.

A MONTARGIS, le Jeudi Gras.

Le 23 Juillet, le lendemain de la Magdelène.

Le Lundi d'après la Saint-Remi, premier Octobre.

A NEMOURS, le 20 Janvier.

A PUISAI, en Beauce, le 22 Juillet.

A QUERHOENT, ci-devant Montoire, le second Mercredi d'après la Pentecôte.

Le 11 Août.

Et Marché franc tous les Mercredis de l'année.

A SAINT-FARGEAU, le 21 Septembre jour de la Saint-Mathieu.

Le 21 Décembre, jour de Saint-Thomas.

A TOURY, en Beauce, le 9 Octobre, jour de Saint Denis.

A VENDÔME, le 11 Novembre, Fête de la Saint Martin.

A VILLEDIEU LES-POELES, près Nemours, le 3 Mai.

A VILLIERS LES-NONAINS, près la Ferté Alais, le 10 Août.

A YENVILLE dans la Beauce, Marché franc tous les Mercredis de l'année.

PICARDIE.

FOIRES à ABBEVILLE, le 2 Juin.
Et Marché franc le dernier Mercredi du mois.
Le 25 Juin.
Le Jeudi d'après la Notre-Dame de Septembre.
Le 11 Novembre, Fête de la Saint-Martin.

AMIENS, le 9 Mai, le 25 Juin, le Jeudi d'après la Notre-Dame de Septembre, le 4 Novembre.

A BOULOGNE-SUR-MER, le 11 Novembre.

A CALAIS, le 6 Octobre, Foire de chevaux & poulains, & si le 6 arrive un Dimanche, la Foire est remise au 7.

A GENLIS, le 7 Janvier.
Le 12 Avril.
Le 15 Juin.
Le 10 Novembre.
Et Marché franc tous les premiers Lundis du mois.

A HARDIVILLIERS, près Breteuil, le second Mardi de l'année.
Le second Mardi du mois de Mars.
Le second Mardi de Mai.
Le 30 Juin.
Le second Mardi de Juillet.

Le premier Mardi de Septembre.

Le second Mardi après la Toussaints.

Le 20 Décembre.

Et Marché franc tous les premiers Mercredis du mois.

A LAON, le premier Lundi de l'année.

A MONDIDIER, le second Mardi de Mai, Foire de bestiaux.

Le Mardi après la Notre-Dame de Septembre.

Et Marché franc tous les premiers Samedis du mois, où il se trouve beaucoup de chevaux.

A PÉRONNE, le 29 Septembre, jour de Saint-Michel, Foire franche, dure 4 jours.

A ROYE, le lendemain de la *Quasimodò*.

Et Marché franc le dernier Mercredi du mois.

A SAINT-QUENTIN, le 9 Octobre, jour de Saint-Denis.

A VINACOURT, près d'Amiens, le premier Décembre.

POITOU.

FOIRES; à CHATELLERAUT, le premier Mai, dure 8 jours.

A CHERVEUX, entre Niort & Saint-Mexent, le 17 Janvier.

A CIVRAY, le 13 Novembre.

A COUHÉ, le 11 Novembre.

A EGUE, le 3 Février.

A FONTENAY, le 25 Juin, Foire fameuse de bestiaux.

Le premier Août, dure 15 jours.

Le 11 Octobre, dite la Saint-Venant, dure 3 jours.

A GENCAY, le 20 Janvier.

A HOUDAN, le 25 Juillet.

A JOUSSE, le 11 Novembre.

A LUSSAC, le 17 Janvier.

A MONTLOUIS, le 11 Novembre.

A MONTMORILLON, le 11 Novembre.

A NIORT, jour de Saint-Mathias, en Février, & dure 8 jours.

Le 6 Mai.

Le 11 Novembre.

Le lendemain de la Saint-André, Foire franche de chevaux.

A POITIERS, vers la mi-Carême.

Le 6 Décembre.

A ST.-CLÉMENTIN, le premier Mai.

Le 6 Juin.

Le 24 Août.

Le 29 Septembre, jour de Saint-Michel.

Le 14 Novembre, Fête de Saint-Clémentin.

Le 21 Décembre, jour de Saint-Thomas.

Et Marché franc tous les Mardis de l'année.

A SAINT-JACQUES DE BRESSUIRE, le 25 Juillet.

A SAINT-LOUP ſur Allier, le premier Septembre.

A SAINT-MARTIN DES ORMES, le 17 Janvier.

Le 30 Avril.

Le Lundi d'après la Touſſaints.

A SAINT-SAULGE, le 29 Septembre.

A SAINTE-AGATHE DE NIORT, le 6 Février.

A SENEÇAI, le 20 Janvier.

A THOUARS, le premier Lundi de l'Avent.

A VIEZ, le premier Juin, dure 3 jours.

Le 18 Octobre, dure 10 jours.

A VIVONNE, le 17 Janvier.

Dans le Poitou toutes les Foires tiennent trois jours francs: & ſi elles arrivent le Vendredi, on les remet au Lundi suivant; & si elles arrivent le Dimanche ou quelque autre Fête, on les remet au lendemain.

PROVENCE.

FOires; à Aix, le 26 Juillet.

A Arles, le 14 Février; Foire de chevaux & bestiaux de toute espèce, ainsi que de marchandises & denrées.

A Romanez, le

A Tarascon, le 29 Juillet.

ROUERGUE.

FOire à Arpajon-le-Chateau, près Milhau, le 14 Septembre.

SAINTONGE.

FOires à Varaisse, le jour de Saint-Mathias en Février.

Le Lundi de Pâques.

Le 28 Mai.

Le 15 Juillet.

Le 2 Novembre.

Le 26 Décembre, jour de Saint-Etienne.

TOURAINE.

FOIRES à CHAMPCHEVRIER, frontiere d'Anjou, le Lundi Gras.

Le Jeudi d'après la *Quasimodò*, Foire de bestiaux.

Le 9 Juin, pareille Foire.

Le 6 Septembre, même Foire.

Le 28 Octobre, jour de Saint-Simon.

Le 25 Novembre.

FIN.

TABLE GÉNÉRALE

Par ordre alphabétique de toutes les Foires du Royaume.

A

B

D

E

F

G

H

I

L

M

N

P

Q

R

S

T

V

Y

Fin de la Table.

www.ingramcontent.com/pod-product-compliance
Ingram Content Group UK Ltd.
Pitfield, Milton Keynes, MK11 3LW, UK
UKHW020320180726
13839UKWH00002B/501

9 782329 604169